新丝路"中文＋职业技能"系列教材编写委员会
（电子商务）

总策划：马箭飞　谢永华

策　划：宋永波　孙雁飞

顾　问：朱志平（北京师范大学）

　　　　林秀琴（首都师范大学）

　　　　宋继华（北京师范大学）

总主编：谢永华　杜曾慧

语言类主编：杨立力

专业类主编：谈　璐

语言类副主编：李　晖　杜　娟

专业类副主编：阮晓文　杨　俊　沈新淇

项目组长：郭风岚

项目副组长：付彦白

项目成员：郭　冰　武传霞　赫　栗　张　彪

新丝路"中文+职业技能"系列教材

New Silk Road "Chinese + Vocational Skills" Series

中文+电子商务
Chinese + E-commerce

高级 Advanced

新丝路"中文+职业技能"系列教材编写委员会 编

北京语言大学出版社
BEIJING LANGUAGE AND CULTURE
UNIVERSITY PRESS

© 2024 北京语言大学出版社，社图号 24026

图书在版编目（CIP）数据

中文 + 电子商务．高级 ／ 新丝路"中文 + 职业技能"
系列教材编写委员会编．-- 北京：北京语言大学出版社，
2024.4

新丝路"中文 + 职业技能"系列教材
ISBN 978-7-5619-6524-5

Ⅰ. ①中… Ⅱ. ①新… Ⅲ. ①汉语 - 对外汉语教学 -
教材 ②电子商务 - 教材 Ⅳ. ① H195.4 ② F713.36

中国国家版本馆 CIP 数据核字（2024）第 073118 号

中文 + 电子商务（高级）
ZHONGWEN + DIANZI SHANGWU (GAOJI)

排版制作：北京创艺涵文化发展有限公司
责任印制：周　燚

出版发行：北京语言大学出版社
社　　址：北京市海淀区学院路 15 号，100083
网　　址：www.blcup.com
电子信箱：service@blcup.com
电　话：编 辑 部　8610-82303647/3592/3395
　　　　　国内发行　8610-82303650/3591/3648
　　　　　海外发行　8610-82303365/3080/3668
　　　　　北语书店　8610-82303653
　　　　　网购咨询　8610-82303908
印　　刷：北京富资园科技发展有限公司

版　　次：2024 年 4 月第 1 版　　印　　次：2024 年 4 月第 1 次印刷
开　　本：889 毫米 × 1194 毫米　1/16　　印　　张：11.75
字　　数：218 千字
定　　价：98.00 元

PRINTED IN CHINA
凡有印装质量问题，本社负责调换。售后 QQ 号 1367565611，电话 010-82303590

编写说明

新丝路"中文＋职业技能"系列教材是把中文作为第二语言，结合专业和职业的专门用途、职业用途的中文教材，不是专业理论教材，不是一般意义的通用综合中文教材。本系列教材定位为职场生存中文教材、立体式技能型语言教材。教材研发的目标是既要满足学习者一般中文环境下的基本交际需求，又要满足学习者职业学习需求和职场工作需求。它和普通的国际中文教材的区别不在语法，而在词汇的专门化程度，在中文的用途、使用场合、应用范围。目前，专门用途、职业用途的中文教材在语言分类和研究成果上几近空白，本系列教材的成功研发开创了中文学习的新视野、新领域、新方向，将"中文＋职业技能＋X等级证书"真正融合，使学习者在学习中文的同时，也可通过实践掌握职业技能，从而获得 X 等级证书。

适用对象

本系列教材将适用对象定位为双零基础（零语言基础、零技能基础）的来华学习中文和先进技能的长期或者短期进修生，可满足初、中、高各层次专业课程的教学需要。教材亦可供海内外相关的培训课程及"走出去"的中资企业培训本土化员工使用。

结构规模

本系列教材采取专项语言技能与职业技能训练相结合的中文教学及教材编写模式。教材选择当前热门的物流管理、汽车服务工程技术、电子商务、机电一体化、计算机网络技术、酒店管理等六个专业，培养各专业急需急用的技术岗位人才。每个专业教材均包括初、中、高级三册。每一册都配有专业视频教学资源，还附有"视频脚本""参考答案"等配套资源。

编写理念

本系列教材将词语进行分类，区分普通词语和专业词语，以通用语料为基础，以概念性、行为性词语为主，不脱离职场情境讨论分级，做到控制词汇量，控制工作场景，控制交流内容与方式，构建语义框架。将语言的分级和专业的分级科学地融合，是实现本系列教材成功编写的关键。

教材目标

语言技能目标：

初级阶段，能熟练掌握基础通用词语和职场的常用专业词语，能使用简短句子进行简单的生活及工作交流。中级阶段，能听懂工作场合简单的交谈与发言，明白大意，把握基本情况，能就工作中重要的话题用简单的话与人沟通。高级阶段，能听懂工作场合一般的交谈与发言，抓住主要内容和关键信息，使用基本交际策略与人交流、开展工作，能初步了解与交际活动相关的文化因素，掌握与交际有关的一般文化背景知识，能排除交际时遇到的文化障碍。交际能力层次的递进实现从初级的常规礼节、基本生活及工作的交流能力，到中级的简单的服务流程信息交流能力，最后达到高级的复杂信息的交流和特情处理的能力。

职业技能目标：

以满足岗位需求为目标，将遴选出的当前热门的专业工作岗位分为初、中、高三级。物流管理专业初、中、高级对应的岗位分别是物流员、物流经理、物流总监；汽车服务工程技术专业初、中、高级对应的岗位分别是汽车机电维修工、汽车服务顾问、技术总监；电子商务专业初、中、高级对应的岗位分别是电子商务运营助理、电子商务运营员、电子商务客服；机电一体化专业初、中、高级对应的岗位分别是机电操作工、机电调整工、机电维修工；计算机网络技术专业初、中、高级对应的岗位分别是宽带运维工程师、网络运维专员、网络管理员；酒店管理专业初、中、高级对应的岗位分别是前厅基层接待员、前厅主管、前厅经理。每个专业分解出三十个工作场景/任务，学习者在学习后能够全面掌握此岗位的概况及基本程序，实现语言学习和专业操作的双重目标。

编写原则

1. 语言知识技能与专业知识技能并进，满足当前热门的、急需急用的岗位需求。

2. 渐进分化，综合贯通，拆解难点，分而治之。

3. 语言知识与专业知识科学、高效复现，语言技能与专业技能螺旋式上升，职场情境、语义框架、本体输入方式相互配合。

4. 使用大量的图片和视频，实现专业知识和技能呈现形式可视化。

5. 强化专业岗位实操性技能。本系列教材配有专业技术教学的视频，突出展示专业岗位的实操性技能，语言学习难度与技能掌握难度的不匹配可通过实操性强的视频和实训环节来补充。

特色追求

本系列教材从初级最基础的语音知识学习和岗位认知开始，将"中文＋职业技能"融入在工作场景对话中，把工作分解成一个个任务，用图片认知的方式解决专业词语的认知问题，用视频展示的方法解决学习者掌握中文词语与专业技能的不匹配问题，注重技能的实操性，注重"在做中学"。每一单元都设置了"学以致用"板块，目的不仅仅是解决本单元任务的词语认知问题，更是将学习的目标放在"能听""能用""能模仿说出"上。我们力争通过大量图片的使用和配套视频的展示，将教材打造成立体式、技能型语言教材，方便学习者能够更好地自主学习。

使用建议

1. 本系列教材每个专业分为初、中、高级三册，每册 10 单元，初级每单元建议 8～10 课时完成，中级 10～12 课时完成，高级 12～14 课时完成。

2. 教材注释和说明着力于简明扼要，注重实操性，注重听说技能培养，对于教材涉及的语法知识，教师可视情况予以细化和补充。

3. "单元实训"板块可以在课文和语言点学完之后作为课堂练习使用，建议 2 课时完成。教师要带着学习者按照实训步骤一步步完成，实训步骤不要求学习者能够看懂，读懂，重要的是教师要引领操作，实现学习者掌握专业技能的目标。

4. "单元小结"板块是对整个单元关键词语和核心内容的总结，对于这部分内容，教师要进行听说练习，以便更好地帮助学习者了解本单元的核心工作任务。

5. 教师上课时要充分利用教材设计的练习，引导学习者多听多练，听说结合，学做合一。

6. 教师要带着学习者熟练诵读课文，要求学习者把每课的关键词语和句子、课堂用语背诵下来。

特别感谢

感谢教育部中外语言交流合作中心将新丝路"中文＋职业技能"系列教材列为重点研发项目，为我们教材编写增添了动力和责任感。教材编写委员会负责整套教材的规划、设计与编写协调，并先后召开上百次讨论会，对每册教材的课文编写、体例安排、注释说明、练习设计、图片选择、视频制作等进行全方位的评估、讨论和审定。感谢编写委员会成员和所有编者高度的敬业精神、精益求精的编写态度，以及所投入的热情和精力、付出的心血与智慧。感谢关注本系列教材并贡献宝贵意见的国际中文教育教学界专家和全国各地的同人。

新丝路"中文＋职业技能"系列教材编写委员会
2023 年 4 月

The New Silk Road "Chinese + Vocational Skills" is a series of Chinese textbooks for specialized and vocational purposes that combine professional and vocational technologies with Chinese as a second language. Instead of being specialized theoretical textbooks, or comprehensive or universal Chinese textbooks in a general sense, this series is intended to be Chinese textbooks for career survival, and three-dimensional skills-based language textbooks. The textbooks are developed with a view to meeting students' basic communication needs in general Chinese environment, and their professional learning needs and workplace demands as well. They are different from ordinary Chinese textbooks for foreigners in the degree of specialization of vocabulary, in the purpose, usage occasion, and application scope of Chinese (not in grammar). At present, Chinese textbooks for specialized and vocational purposes are virtually non-existent in terms of language classification and research results, so the successful development of this series has opened up new horizons, new fields and new directions for Chinese learning, and virtually integrated "Chinese + Vocational Skills + X-Level Certificates", which enables students to practically master vocational skills and obtain X-level certificates while learning Chinese.

Applicable Targets

This series is targeted at long-term or short-term students who come to China to learn Chinese and advanced skills with zero language basis and zero skill basis, which can meet the teaching needs of the elementary, intermediate and advanced specialized courses. This series can also be used for relevant training courses at home and abroad and for Chinese-funded enterprises that "go global" to train local employees.

Structure and Scale

This series adopts a Chinese teaching and textbook compilation model combining special language skills and vocational skills training. The series includes the textbooks for six popular majors such as logistics management, automotive service engineering technology, e-commerce, mechatronics, computer networking technology, and hotel management to cultivate technical talents in urgent need. The textbooks for each major consist of the textbooks at the elementary, intermediate and advanced levels. Each textbook is equipped with professional video teaching resources, and "video scripts", "reference answers" and other supporting resources as well.

Compilation Concept

This series classifies the vocabulary into general vocabulary and specialized vocabulary. Based on the general vocabulary, it focuses on conceptual and behavioral words, not deviating from workplace situations, so as to control the vocabulary, work scenarios and content and means of communication, and build the semantic framework. The scientific integration of language classification and specialty classification is the key to the successful compilation of textbooks.

Textbook Objectives

Language Skill Objectives

For students at the elementary level, they are trained to be familiar with basic general vocabulary and common specialized vocabulary in the workplace, and be able to use short sentences for simple communication in life and at work. For those at the intermediate level, they are trained to understand simple conversations and speeches in the workplace, comprehend the main ideas, grasp the basic situations, and communicate with others in simple words on important topics at work. For those at the advanced level, they are trained to be able to understand general conversations and speeches in the workplace, grasp the main content and key information, use basic communication strategies to communicate with others and carry out the work, have a preliminary understanding of cultural factors related to communication activities, master the general communication-related cultural background knowledge, and overcome cultural barriers encountered during communication. The progression in level of communicative competence helps them to leap forward from routine etiquette, basic communication in life and at work at the elementary level, to simple information exchange of service processes at the intermediate level, and finally to complex information exchange and handling of special circumstances at the advanced level.

Vocational Skill Objectives

To meet job requirements at the elementary, intermediate and advanced levels, the professional positions that are most urgently needed overseas are selected. The positions corresponding to logistics management at the elementary, intermediate and advanced levels are logistics staff, logistics managers and logistics directors; the positions corresponding to automotive service engineering technology at the elementary, intermediate and advanced levels are automotive electromechanical maintenance staff, automotive service consultants and technical directors; the positions corresponding to e-commerce at the elementary, intermediate and advanced levels are electronic operation assistants, e-commerce operators and e-commerce customer service staff; the positions corresponding to mechatronics at the elementary, intermediate and advanced levels are mechanical and electrical operators, mechanical and electrical adjusters, and mechanical and electrical maintenance staff; the positions corresponding to computer networking technology at the elementary, intermediate and advanced levels are broadband operation and maintenance engineers, network operation and maintenance specialists, and network administrators; the positions corresponding to hotel management at the elementary, intermediate and advanced levels are lobby receptionists, lobby supervisors and lobby managers. Through 30 work scenarios/ tasks set for each major, learners can fully grasp the general situations and basic procedures of the position after learning, and achieve the dual goals of language learning and professional operation.

Principles of Compilation

1. Language knowledge skills and professional knowledge skills go hand in hand to meet the demands of current popular and urgently needed job positions;

2. It makes progressive differentiation and comprehensive integration, breaking down, dividing and conquering difficult points;

3. Language knowledge and professional knowledge recur scientifically and efficiently, language skills and professional skills spiral upward, and the situational stage, semantic framework, and ontology input methods cooperate with each other;

4. Professional knowledge and skills are visualized, using a lot of pictures and videos;

5. It strengthens the practical skills in professional positions. This series of textbooks is equipped with videos of professional technical training, highlighting the practical skills for professional positions. It addresses the mismatch between the difficulty of language learning and that of mastering skills by supplementing with practical videos and practical training.

Characteristic Pursuit

Starting from the basic phonetic knowledge learning and job cognition at the elementary level, this series integrates "Chinese + Vocational Skills" into the working scene dialogues, breaking down the job into various tasks, solving lexical students' problems by means of picture cognition, solving the problem of the mismatch between students' mastery of Chinese vocabulary and professional skills by means of displaying videos, stressing the practicality of skills, and focusing on "learning by doing". Each unit has a "Practicing What You Have Learnt" module, which not only solves the problem of lexical cognition of this unit, but also takes "being able to comprehend", "being able to use" and "being able to imitate" as the learning objectives. We strive to use a large number of pictures and display supporting videos to build the textbooks into three-dimensional skills-based language teaching materials, so that learners can learn more independently.

Recommendations for Use

1. Each major of this series consists of three volumes at the elementary, intermediate, and advanced levels, with 10 units in each volume. For each unit, it is recommended to be completed in 8-10 class hours at the elementary level, 10-12 class hours at the intermediate level, and 12-14 class hours at the advanced level.

2. The notes and explanations in the textbooks focus on conciseness, practicality, and the training of listening and speaking skills. The grammar knowledge in the textbooks can be detailed and supplemented by teachers as the case may be.

3. "Unit Practical Training" module can be used as a classroom exercise after the texts and language points, preferably to be completed in two class hours. Teachers should guide students to complete the training tasks step by step. Students are not required to read and understand the training steps. It is important that teachers guide students to achieve the goal of mastering professional skills.

4. "Unit Summary" module summarizes the keywords and core content of the entire unit. Through listening and speaking exercises, this part can better help learners understand the core tasks of this unit.

5. Teachers should make full use of the exercises designed in the textbooks during class, and guide students to listen more and practice more, combine listening and speaking, and integrate learning with practice.

6. Teachers should guide students to proficiently read the texts aloud, asking them to recite the keywords, sentences and classroom expressions in each unit.

Acknowledgements

We are grateful to the Center for Language Education and Cooperation of the Ministry of Education for listing the New Silk Road "Chinese + Vocational Skills" series as a key research and development project, which adds motivation and a sense of responsibility to our textbook compilation. The Textbook Compilation Committee is responsible for the planning, design, compilation and coordination of the entire set of textbooks, and has held hundreds of seminars to conduct a comprehensive evaluation, discussion, examination and approval of text compilation, style arrangement, notes and explanations, exercise design, picture selection, and video production of each textbook. We are indebted to the members of the Compilation Committee and all compilers for their professional dedication, unwavering pursuit of perfection in the compilation, as well as their enthusiasm, hard work and wisdom. We are thankful to the experts in international Chinese language education and colleagues from all over the country who have kept a close eye on this series and contributed their valuable opinions.

Compilation Committee of New Silk Road "Chinese + Vocational Skills" Series

April 2023

人物介绍

Characters Introduction

zǒngjīnglǐ
总经理
General Manager

yùnyíng zǒngjiān
运营 总监
Operations Director

yùnyíng zhùlǐ
运营助理
Operations Assistant

měigōng
美工
Art Designer

kèfú
客服
Customer Service

cāngguǎn
仓管
Warehouse Keeper

语法术语及缩略形式参照表
Abbreviations of Grammar Terms

Grammar Terms in Chinese	Grammar Terms in Pinyin	Grammar Terms in English	Abbreviations
名词	míngcí	noun	n.
专有名词	zhuānyǒu míngcí	proper noun	pn.
代词	dàicí	pronoun	pron.
数词	shùcí	numeral	num.
量词	liàngcí	measure word	m.
数量词	shùliàngcí	quantifier	q.
动词	dòngcí	verb	v.
助动词	zhùdòngcí	auxiliary	aux.
形容词	xíngróngcí	adjective	adj.
副词	fùcí	adverb	adv.
介词	jiècí	preposition	prep.
连词	liáncí	conjunction	conj.
助词	zhùcí	particle	part.
拟声词	nǐshēngcí	onomatopoeia	onom.
叹词	tàncí	interjection	int.
前缀	qiánzhuì	prefix	pref.
后缀	hòuzhuì	suffix	suf.
成语	chéngyǔ	idiom	idm.
短语	duǎnyǔ	phrase	phr.
主语	zhǔyǔ	subject	S
谓语	wèiyǔ	predicate	P
宾语	bīnyǔ	object	O
定语	dìngyǔ	attributive	Attrib
状语	zhuàngyǔ	adverbial	Adverb
补语	bǔyǔ	complement	C

CONTENTS
目录

Rènshi   kèfú
认识客服
Understanding Customer Service

kèfú de lèibié
客服的类别
Types of Customer Service

diànhuà kèfú
电话客服
Telephone Customer Service

dǎogòu kèfú
导购客服
Shopping Guide Customer Service

tóusù kèfú
投诉客服
Complaint Customer Service

tuīguǎng kèfú
推广客服
Promotion Customer Service

dǎbāo kèfú
打包客服
Packaging Customer Service

题解　Introduction

1. 学习内容：电子商务客服的岗位和工作职责，以及对应的典型工作用语。

   Learning content: The posts and job responsibilities of e-commerce customer service, and the corresponding typical work expressions

2. 知识目标：掌握与电子商务客服相关的关键词和短语，了解汉字的偏旁"口""囗""女""亻""日"，学写相关汉字。

   Knowledge objectives: To master the keywords and phrases related to e-commerce customer service, understand the radicals of Chinese characters such as "口"，"囗"，"女"，"亻"，"日"，and learn to write the related Chinese characters

3. 技能目标：学会不同的电子商务客服所使用的典型工作用语。

   Skill objective: To learn the typical work expressions used by different types of e-commerce customer service

第一部分　Part 1

课文 *Texts*

一、热身　rèshēn　Warm-up

1. 给词语选择对应的图片。**Choose the corresponding picture for each word.**

A.

B.

C.

D.

dǎogòu kèfú
❶ 导购客服＿＿＿＿＿＿＿＿＿
shopping guide customer service

diànhuà kèfú
❷ 电话客服＿＿＿＿＿＿＿＿＿
telephone customer service

dǎbāo kèfú
❸ 打包客服＿＿＿＿＿＿＿＿＿
packaging customer service

tóusù kèfú
❹ 投诉客服＿＿＿＿＿＿＿＿＿
complaint customer service

2. 看视频，了解电子商务客服的主要业务，并判断下列典型工作用语属于客服的哪一项业务。**Watch the video to understand the main business of e-commerce customer service staff, and determine which business the following typical work expressions falls under.**

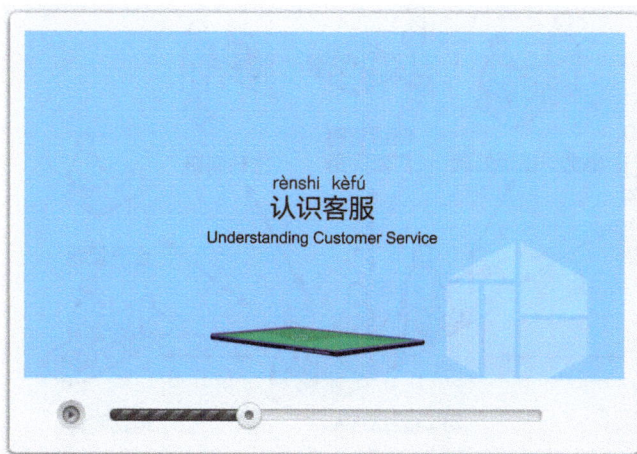

rènshi kèfú
认识客服
Understanding Customer Service

kèhù zīxún jiědá
A. 客户咨询解答
answering customers' inquiries

dìngdān yèwù shòulǐ
B. 订单业务受理
accepting and handling orders

chǎnpǐn tuīguǎng
C. 产品 推广
product promotion

jiūfēn jí tóusù chǔlǐ
D. 纠纷及投诉处理
handling disputes and complaints

cùchéng dìngdān
E. 促成 订单
helping to bring about orders

diànpù tuīguǎng
F. 店铺 推广
store promotion

wánchéng xiāoshòu
G. 完成 销售
completing sales

shòuhòu fúwù
H. 售后服务
after-sales service

Qīn, nín kěyǐ kàn yíxiàr dìngdān zhōng shēngchéng de kuàidì xìnxī, qǐng nín nàixīn děngdài.
❶ 亲，您可以看一下儿订单 中 生成 的快递信息，请您耐心等待。
Dear, you can check the courier information generated in the order. Please wait patiently.

Qīn, gěi nín zàochéngle bù yúkuài de tǐyàn, wǒmen gǎndào hěn bàoqiàn.
❷ 亲，给您造成了不愉快的体验，我们感到很抱歉。
Dear, we are sorry for causing you an unpleasant experience.

❸
Qīn, rú yīn chǎnpǐn zhìliàng wèntí yǐnqǐ de tuìhuàn huò, běn diàn chéngdān láihuí yùnfèi.
亲，如因产品质量问题引起的退换货，本店承担来回运费。
Dear, in case of returns or exchanges due to product quality issues, our store is responsible for the round-trip freight.

❹
Qīn, hǎojiǔ bú jiàn! Diànpù huódòng duōduō, xiángqíng kě zīxún kèfú!
亲，好久不见！店铺活动多多，详情可咨询客服！
Dear, long time no see! There are many promotional activities in the store. Please contact customer service for more details.

❶ _____ ❷ _____ ❸ _____ ❹ _____

电话营销
广告促销

市场调研

业务、投诉处理

客服顾问
人才培训

客户管理

客户关怀

BPO运营中心

电话咨询

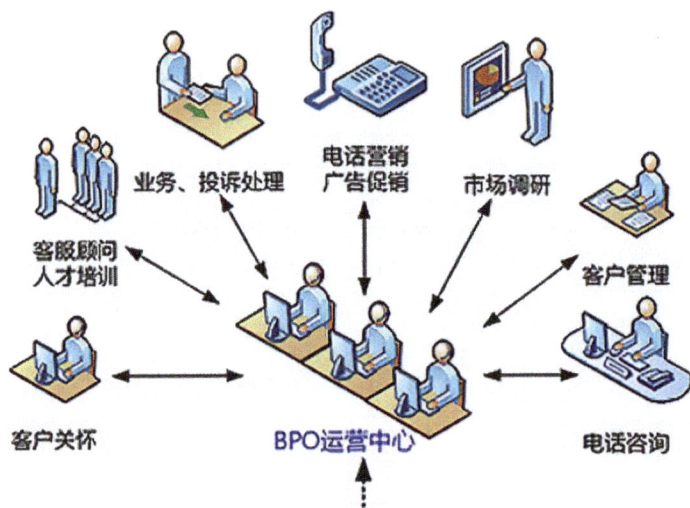

二、课文　kèwén　Texts

A 🎧 01-01

Diànzǐ shāngwù kèfú shì jīyú hùliánwǎng de yì zhǒng kèhù fúwù gōngzuò, chéngdānzhe
电子商务客服是基于互联网的一种客户服务工作，承担着

kèhù zīxún （jiàgé、 wùliú） jiědá、 dìngdān yèwù shòulǐ、 chǎnpǐn tuīguǎng、 jiūfēn
客户咨询（价格、物流）解答、订单业务受理、产品推广、纠纷

jí tóusù chǔlǐ děng yèwù. Kèfú gōngzuò rényuán shì tōngguò gèzhǒng gōutōng gōngjù yǔ
及投诉处理等业务。客服工作人员是通过各种沟通工具与

bù tóng guójiā kèhù zhíjiē liánxì de yīxiàn yèwù shòulǐ rényuán.
不同国家客户直接联系的一线业务受理人员。

译文 yìwén Text in English

E-commerce customer service is a kind of customer service work based on the Internet, bearing the business of answering customers' inquiries (on price, logistics), accepting and handling orders, promoting products, handling disputes and complaints, etc. Customer service staff are front-line business personnel who directly contact customers from different countries through various communication tools.

普通词语 pǔtōng cíyǔ General Vocabulary 🎧 01-02

1.	基于	jīyú	prep.	based on
2.	工作	gōngzuò	n.	work
3.	承担	chéngdān	v.	bear, undertake
4.	及	jí	conj.	*used to join two or more nouns or noun phrases*
5.	各种	gèzhǒng	pron.	all kinds of
6.	国家	guójiā	n.	country

专业词语 zhuānyè cíyǔ Specialized Vocabulary 🎧 01-03

1.	解答	jiědá	v.	answer
2.	业务	yèwù	n.	business
3.	受理	shòulǐ	v.	accept and handle
4.	投诉	tóusù	v.	complain
5.	处理	chǔlǐ	v.	handle
6.	人员	rényuán	n.	personnel
7.	沟通	gōutōng	v.	communicate
8.	工具	gōngjù	n.	tool
9.	一线	yīxiàn	n.	front line

B 🎧 01-04

Diànzǐ shāngwù kèfú rényuán shì qǐyè de xìnxī chuándìzhě, qǐzhe chéngshàng-qǐxià de
电子 商务客服人员 是企业的信息传递者，起着 承上启下 的

zuòyòng. Tāmen jiānfùzhe jiāng kèhù duì chǎnpǐn tíchū de jiànyì、 duì wǎngzhàn píngtái yùnyíng
作用。他们肩负着将客户对产品提出的建议、对 网站 平台运营

cāozuò de yìjiàn děng fǎnkuì gěi gōngsī nèibù qítā xiāngguān bùmén de zhòngrèn. Diànzǐ shāngwù
操作的意见等反馈给公司内部其他 相关 部门的 重任。电子 商务

kèfú duì hùliánwǎng de yīlài jiào dà, zhǔyào fùzé kèhù dáyí、 cùchéng dìngdān、 diànpù
客服对互联网的依赖较大，主要负责客户答疑、促成 订单、店铺

tuīguǎng、 wánchéng xiāoshòu、 shòuhòu fúwù děng yèwù.
推广、完成 销售、售后 服务等业务。

译文 yìwén Text in English

E-commerce customer service personnel are the information transmitters of enterprises, playing a bridging role. They bear the responsibilities of feeding customers' suggestions on products, opinions on website platform operations, etc. back to relevant departments of the company. E-commerce customer service heavily relies on the Internet and is mainly responsible for answering customers' questions, helping to bring about orders, promoting stores, completing sales, after-sales service, etc.

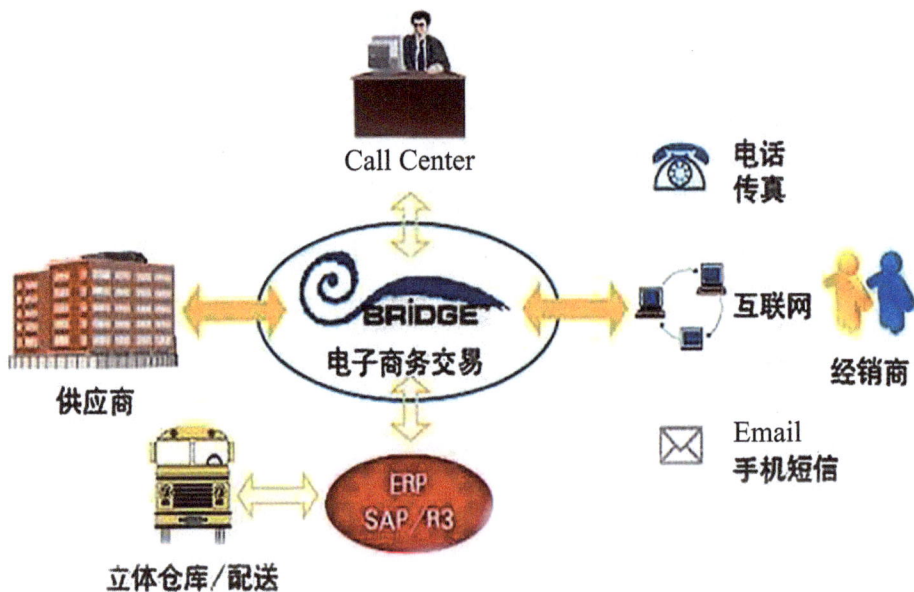

Call Center

电话 传真

互联网

经销商

电子商务交易

供应商

Email 手机短信

ERP SAP /R3

立体仓库/配送

普通词语 pǔtōng cíyǔ General Vocabulary 🎧 01-05

1.	企业	qǐyè	n.	enterprise
2.	起	qǐ	v.	play (a part/role)
3.	承上启下	chéngshàng-qǐxià	phr.	form a connecting link between the preceding and the following
4.	作用	zuòyòng	n.	function, role
5.	他们	tāmen	pron.	they, them
6.	肩负	jiānfù	v.	shoulder, take on
7.	将	jiāng	prep.	*used to introduce the object before the verb*
8.	对	duì	prep.	on, concerning
9.	提出	tíchū	v.	put forward
10.	建议	jiànyì	n.	suggestion

11.	意见	yìjiàn	n.	opinion
12.	内部	nèibù	n.	inside, interior
13.	重任	zhòngrèn	n.	heavy responsibility
14.	依赖	yīlài	v.	rely on
15.	较	jiào	adv.	comparatively
16.	主要	zhǔyào	adj.	main
17.	负责	fùzé	v.	be responsible for

专业词语 zhuānyè cíyǔ Specialized Vocabulary 🎧 01-06

1.	传递者	chuándìzhě	n.	transmitter
2.	网站	wǎngzhàn	n.	website
3.	部门	bùmén	n.	department
4.	答疑	dáyí	v.	answer questions
5.	促成订单	cùchéng dìngdān	phr.	help to bring about an order
	促成	cùchéng	v.	help to bring about
6.	完成销售	wánchéng xiāoshòu	phr.	complete the sale
7.	售后服务	shòuhòu fúwù	phr.	after-sales service

三、视听说 shì-tīng-shuō Viewing, Listening and Speaking

看视频，了解电子商务客服在日常网购产品中的应用类别，根据下列服务用语判断电子商务客服销售的产品类别。**Watch the video to understand the application categories of e-commerce customer service in daily online shopping products, and determine the product categories of e-commerce customer service sales based on the following service expressions.**

kèfú de yìngyòng lèibié
客服的 应用 类别
Application Categories of Customer Service

jiādiàn
A. 家电
household appliances

fúzhuāng
B. 服装
clothing

shùmǎ chǎnpǐn
C. 数码产品
digital products

xiézi
C. 鞋子
shoes

shēngxiān
D. 生鲜
fresh food

jiājù
E. 家具
furniture

měizhuāng
G. 美妆
beauty makeup

qìchē
H. 汽车
automobiles

shípǐn
I. 食品
food

mǔyīng chǎnpǐn
J. 母婴产品
mother and baby products

Qīn, wǒmen jiā yīfu mǎshù piān dà, nín kěyǐ xuǎnzé xiǎo yí hào de chǐcùn.
❶ 亲，我们家衣服码数偏大，您可以选择小一号的尺寸。
Dear, our clothes are a little bit oversized, so you can choose a smaller size.

Qīn, wǒmen jiā de zhè kuǎn 1.0 páiliàng de qìchē fēicháng shěng yóu, shìhé chéngshì jiātíng.
❷ 亲，我们家的这款1.0排量的汽车非常省油，适合城市家庭。
Dear, this 1.0 displacement car in our store is very fuel efficient and suitable for urban families.

❸
Qīn, nín hǎo! Wǒmen jiā shòumài de shǒujī jūn zhīchí 5G xìnhào, nín kěyǐ fàngxīn gòumǎi.
亲，您好！我们 家 售卖 的手机均支持 5G 信号，您可以 放心 购买。
Hello, dear! All the mobile phones sold in our store support 5G signal, and you can purchase with confidence.

❹
Qīn, qǐng fàngxīn, wǒmen jiā de huàzhuāngpǐn shì quán tiānrán de, chǎnpǐn jīngguò línchuáng
亲，请 放心，我们 家的 化妆品 是 全 天然 的，产品 经过 临床
jiǎnyàn, shìyòng yú guòmǐnxìng pífū.
检验，适用 于 过敏性 皮肤。
Dear, please rest assured that our cosmetics is all natural and has undergone clinical testing, suitable for allergic skin.

❺
Qīn, wǒmen jiā de bàobèi fēicháng shìhé nín zhège jiēduàn de māma, wàichū shǐyòng fēicháng
亲，我们 家的抱被 非常 适合您这个 阶段 的妈妈，外出 使用 非常
fāngbiàn.
方便。
Dear, our baby blanket is very suitable for a mother like you at this stage, and it is very convenient for outdoor use.

❶_____ ❷_____ ❸_____ ❹_____ ❺_____

说一说 **Let's talk**

说说电子商务客服在日常网购产品中的应用类别。**Talk about the application categories of e-commerce customer service in daily online shopping products.**

四、学以致用 xuéyǐzhìyòng Practicing What You Have Learnt

看视频，了解几种电子商务客服的岗位职责，将不同的客服种类与其工作职责和典型工作用语进行匹配。**Watch the video to learn about the job responsibilities of several e-commerce customer service and match different types of customer service with typical work expressions.**

kèfú de gǎngwèi zhízé
客服的 岗位 职责
Job Responsibilities of Customer Service

① dǎogòu kèfú
导购客服
shopping guide customer service

A. zhuānmén bāngzhù mǎijiā gèng hǎo de tiāoxuǎn shāngpǐn
专门 帮助 买家 更 好地 挑选 商品
responsible for helping buyers make better product selections

② diànhuà kèfú
电话 客服
telephone customer service

B. zhuānmén chǔlǐ kèhù tóusù
专门 处理 客户 投诉
responsible for handling customer complaints

③ tóusù kèfú
投诉客服
complaint customer service

C. zhuānmén fùzé wǎngdiàn de yíngxiāo yǔ tuīguǎng
专门 负责 网店 的 营销 与 推广
responsible for the marketing and promotion of online stores

④ tuīguǎng kèfú
推广 客服
promotion customer service

D. tōngguò shèjiāo ruǎnjiàn、 diànhuà, jiědá mǎijiā wèntí
通过 社交 软件、电话，解答 买家 问题
answering buyers' questions through social software and telephone

a. Qīn, yǒu shénme kěyǐ bāngzhù nín de ma?
亲，有 什么 可以 帮助 您的 吗？
Dear, what can I do for you?

b. Qīn, zhè kuǎn chǎnpǐn yōngyǒu 81 diǎn zìdòng duìjiāo xìtǒng, shì yì kuǎn jùyǒu gāo huàzhì qiě yì cāozuò de
亲，这 款 产品 拥有 81点 自动对焦系统，是 一款 具有 高画质 且 易操作 的
wēidān xiàngjī.
微单 相机。
Dear, this product has an 81-point autofocus system, which is a mirrorless digital camera with high picture quality and operation ease.

c. Qīn, fēicháng bàoqiàn, wǒmen de shūhu gěi nín zàochéngle búbiàn, wǒmen duì cǐ shēn biǎo qiànyì.
亲，非常 抱歉，我们的 疏忽 给您 造成了 不便，我们 对此深 表 歉意。
Dear, we are very sorry for the inconvenience caused by our negligence.

d. Qīn, huānyíng guānglín ××× qíjiàndiàn. Jīnrì quánchǎng zuì gāo shěng 500 yuán, yǒu shǒujī, shǒujīké、
亲，欢迎 光临 ××× 旗舰店。今日 全场 最高 省 500元，有手机、手机壳、
zhàoxiàngjī děng chǎnpǐn cānjiā huódòng, shíhuì duōduō.
照相机 等 产品 参加 活动，实惠 多多。
Dear, welcome to XXX flagship store. You can save up to 500 *yuan* today. The mobile phones, phone cases, cameras and other products are all on sale.

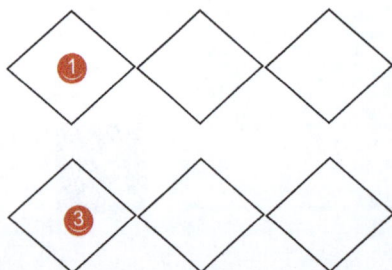

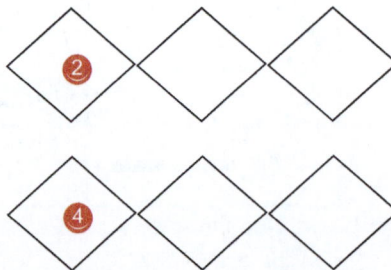

五、小知识　xiǎo zhīshi　Tips

Jīyú　yǔyīn　jiāohù　jìshù　de zhìnéng kèfú
基于语音交互技术的智能客服

Suízhe　jīngjì　de xùnsù fāzhǎn,　rénmen duì　kèhù　fúwù　de　xūqiú yě mànmàn zēngdà.
随着经济的迅速发展，人们 对客户服务的需求也 慢慢 增大。

Yóuyú chuántǒng kèfú　réngōng chéngběn jiào gāo、xiǎngyìng xiàolǜ jiào dī děng yuányīn,　yuè lái yuè duō
由于 传统 客服人工 成本 较高、响应 效率较低等 原因，越来越多

de qǐyè hé yánfā　jīgòu kāishǐ jìnxíng zhìnéng kèfú　jìshù de yánfā,　yóuqí tǐxiàn zài duì
的企业和研发 机构开始进行智能客服技术的研发，尤其体现在对

jīyú　yǔyīn　jiāohù　jìshù　de zhìnéng kèfú　de yánfā shang. Jīyú　yǔyīn　jiāohù　jìshù　de zhìnéng
基于语音交互技术的智能客服的研发上。基于语音交互技术的 智能

kèfú　jìshù shì zhǐ yǐ　yǔyīn　wéi zhǔyào jiāohù fāngshì、　yǐ réngōng zhìnéng　jìshù wéi zhǔyào
客服技术是指以语音为主要交互 方式、以人工 智能 技术为主要

shíxiàn fāngshì de kèhù　fúwù　jìshù. Shàngshù jìshù gǎijìn zhǐ zài jiějué yǐxià zhǔyào wèntí:
实现方式的客户服务技术。上述 技术改进旨在解决以下主要问题：

yǔyīn　shíbié de zhǔnquèlǜ、　yǔyīn shíbié de　sùlǜ、　yònghù yǔyì　fēnxī de zhǔnquèlǜ、
语音识别的准确率、语音识别的速率、用户语义分析的准确率、

yìngdá　sùlǜ děng.
应答速率等。

Intelligent Customer Service Based on Voice Interaction Technology

With rapid economic development, people's demand for customer service is gradually increasing. Due to the high labor costs and low response efficiency of traditional customer service, more and more enterprises and research and development institutions are starting to develop intelligent customer service technology, especially in the research and development of intelligent customer service based on voice interaction technology. Intelligent customer service technology based on voice interaction technology refers to customer service technology that takes voice as the main interaction mode and artificial intelligence technology as the main implementation mode. The above technological improvement aims to address the following issues: accuracy of speech recognition, speed of speech recognition, accuracy of user semantic analysis, response rate, etc.

补充专业词语 bǔchōng zhuānyè cíyǔ Supplementary Specialized Vocabulary 🎧 01-07

1.	导购客服	dǎogòu kèfú	phr.	shopping guide customer service
2.	电话客服	diànhuà kèfú	phr.	telephone customer service
3.	打包客服	dǎbāo kèfú	phr.	packaging customer service
4.	投诉客服	tóusù kèfú	phr.	complaint customer service
5.	推广客服	tuīguǎng kèfú	phr.	promotion customer service
6.	漏发	lòu fā	phr.	missed delivery
7.	疏忽	shūhu	v.	neglect
8.	实惠多多	shíhuì duōduō	phr.	a lot of benefits
9.	社交软件	shèjiāo ruǎnjiàn	phr.	social software
10.	耐心等待	nàixīn děngdài	phr.	wait patiently
	耐心	nàixīn	adj.	patient

第二部分　Part 2

汉字　Chinese Characters

一、汉字知识　Hànzì zhīshi　Knowledge about Chinese Characters

汉字的偏旁（1）　Radicals of Chinese characters (1)

偏旁 Radicals	例字 Examples	部件组合 Combinations	结构图示 Illustrations
口	吗 呢 哪 吃 啊 叫	口＋马 口＋尼 口＋那 口＋乞 口＋阿 口＋丩	
囗	国 图	囗＋玉 囗＋冬	
女	妈 她 姓 娜	女＋马 女＋也 女＋生 女＋那	
亻	你 他	亻＋尔 亻＋也	

（续表）

偏旁 Radicals	例字 Examples	部件组合 Combinations	结构图示 Illustrations
亻	们 作 什 做	亻＋门 亻＋乍 亻＋十 亻＋故	▯▯ ▯▯ ▯▯ ▯▯
日	时 晚 明 早 星	日＋寸 日＋免 日＋月 日＋十 日＋生	▯▯ ▯▯ ▯▯ ▭ ▭

二、汉字认读与书写　Hànzì rèndú yǔ shūxiě　The Recognition and Writing of Chinese Characters

认读下列词语，并试着读写构成词语的汉字。**Recognize the following words, and try to read and write the Chinese characters forming these words.**

解答　　业务　　受理　　投诉　　沟通　　工具

解		答		业		务	
受		理		投		诉	
沟		通		工		具	

第三部分　Part 3

日常用语 *Daily Expressions*

❶ 我还要再确认吗？　Wǒ hái yào zài quèrèn ma? Do I have to make a reconfirmation?

❷ 我要等多久呢？　Wǒ yào děng duōjiǔ ne? How long will I have to wait?

❸ 有其他的航班吗？　Yǒu qítā de hángbān ma? Do you have any other flights?

第四部分　Part 4

单元实训　*Unit Practical Training*

认识客服应用实训　rènshi kèfú yìngyòng shíxùn

Practical Training on Understanding Customer Service Application

实训目的 Training purpose

熟悉电子商务客服的功能，了解电子商务客服在日常生活中的应用。

To be familiar with the functions of e-commerce customer service and understand the application of e-commerce customer service in daily life

实训组织 Training organization

每组四人，分工合作。

Four students work in each group, cooperating with a due division of labor.

实训步骤 Training steps

每组准备一个智能手机，手机上安装好电子商务平台 APP，有上网条件。

Each group prepares a smartphone, which is equipped with an e-commerce platform APP and has the access to the Internet.

❶ 打开电子商务平台 APP，选择一款产品，进入产品客服界面。

Open the e-commerce platform APP, select a product, and enter the product customer service interface.

❷ 向客服进行咨询，如衣服的款式、价格、物流等问题。

Ask customer service staff questions, such as the style, price, logistics of clothes.

❸ 了解客服反馈。

Get to know the customer service feedback.

❹ 教师对各组的实施情况进行点评。

The teacher comments on the performance of each group.

第五部分　Part 5

单元小结　*Unit Summary*

cíyǔ
词语
Vocabulary

普通词语　General Vocabulary

1.	基于	jīyú	prep.	based on
2.	工作	gōngzuò	n.	work
3.	承担	chéngdān	v.	bear, undertake
4.	及	jí	conj.	*used to join two or more nouns or noun phrases*
5.	各种	gèzhǒng	pron.	all kinds of

6.	国家	guójiā	n.	country
7.	企业	qǐyè	n.	enterprise
8.	起	qǐ	v.	play (a part/role)
9.	承上启下	chéngshàng-qǐxià	phr.	form a connecting link between the preceding and the following
10.	作用	zuòyòng	n.	function, role
11.	他们	tāmen	pron.	they, them
12.	肩负	jiānfù	v.	shoulder, take on
13.	将	jiāng	prep.	*used to introduce the object before the verb*
14.	对	duì	prep.	on, concerning
15.	提出	tíchū	v.	put forward
16.	建议	jiànyì	n.	suggestion
17.	意见	yìjiàn	n.	opinion
18.	内部	nèibù	n.	inside, interior
19.	重任	zhòngrèn	n.	heavy responsibility
20.	依赖	yīlài	v.	rely on
21.	较	jiào	adv.	comparatively
22.	主要	zhǔyào	adj.	main
23.	负责	fùzé	v.	be responsible for

cíyǔ
词语
Vocabulary

专业词语　Specialized Vocabulary

1.	解答	jiědá	v.	answer
2.	业务	yèwù	n.	business
3.	受理	shòulǐ	v.	accept and handle
4.	投诉	tóusù	v.	complain
5.	处理	chǔlǐ	v.	handle
6.	人员	rényuán	n.	personnel
7.	沟通	gōutōng	v.	communicate
8.	工具	gōngjù	n.	tool
9.	一线	yīxiàn	n.	front line
10.	传递者	chuándìzhě	n.	transmitter
11.	网站	wǎngzhàn	n.	website
12.	部门	bùmén	n.	department
13.	答疑	dáyí	v.	answer questions
14.	促成订单	cùchéng dìngdān	phr.	help to bring about an order
	促成	cùchéng	v.	help to bring about

15.	完成销售	wánchéng xiāoshòu	phr.	complete the sale
16.	售后服务	shòuhòu fúwù	phr.	after-sales service

补充专业词语 Supplementary Specialized Vocabulary

cíyǔ 词语 Vocabulary				
1.	导购客服	dǎogòu kèfú	phr.	shopping guide customer service
2.	电话客服	diànhuà kèfú	phr.	telephone customer service
3.	打包客服	dǎbāo kèfú	phr.	packaging customer service
4.	投诉客服	tóusù kèfú	phr.	complaint customer service
5.	推广客服	tuīguǎng kèfú	phr.	promotion customer service
6.	漏发	lòu fā	phr.	missed delivery
7.	疏忽	shūhu	v.	neglect
8.	实惠多多	shíhuì duōduō	phr.	a lot of benefits
9.	社交软件	shèjiāo ruǎnjiàn	phr.	social software
10.	耐心等待	nàixīn děngdài	phr.	wait patiently
	耐心	nàixīn	adj.	patient

jùzi 句子 Sentences

1. 电子商务客服是基于互联网的一种客户服务工作，承担着客户咨询（价格、物流）解答、订单业务受理、产品推广、纠纷及投诉处理等业务。

2. 电子商务客服对互联网的依赖较大，主要负责客户答疑、促成订单、店铺推广、完成销售、售后服务等业务。

3. 亲，有什么可以帮助您的吗？

4. 亲，非常抱歉，我们的疏忽给您造成了不便，我们对此深表歉意。

5. 亲，欢迎光临×××旗舰店。今日全场最高省500元，有手机、手机壳、照相机等产品参加活动，实惠多多。

liǎojiě kèhù gòuwù xīnlǐ
了解客户购物心理
Understanding Customers' Shopping Psychology

xùnsù xiǎngyìng nénglì
迅速 响应 能力
Rapid Response Ability

sùzhì yāoqiú
素质要求
Quality Requirements

xīnlǐ kàngyā nénglì
心理抗压能力
Psychological Resilience

差评

咨询

投诉

原

压力

yǔyán gōutōng nénglì
语言沟通能力
Verbal Communication Skills

题解　Introduction

1. 学习内容：电子商务客服的素质要求，以及对应的典型工作用语。

   Learning content: The quality requirements of e-commerce customer service, and the corresponding typical work expressions

2. 知识目标：掌握与电子商务客服素质相关的关键词和短语，了解汉字的偏旁"氵""讠""艹""辶"，学写相关汉字。

   Knowledge objectives: To master the keywords and phrases related to the quality of e-commerce customer service, understand the radicals of Chinese characters such as "氵", "讠", "艹", "辶", and learn to write the related Chinese characters

3. 技能目标：学会体现客服素质的典型工作用语。

   Skill objective: To learn the typical work expressions that reflect the quality of customer service

第一部分　Part 1

课文 Texts

一、热身　rèshēn　Warm-up

1. 给词语选择对应的图片。**Choose the corresponding picture for each word.**

A.

B.

C.

D.

　　　　yǔyán gōutōng nénglì
❶ 语言沟通能力＿＿＿＿＿＿＿＿
verbal communication skills

　　　　xīnlǐ kàngyā nénglì
❷ 心理抗压能力＿＿＿＿＿＿＿＿
psychological resilience

xiǎngyìng sùdù
❸ 响 应 速度＿＿＿＿＿＿＿＿＿＿＿＿＿
response speed

liǎojiě kèhù gòuwù xīnlǐ
❹ 了解客户购物心理＿＿＿＿＿＿＿＿＿＿＿＿＿
understanding customers' shopping psychology

2. 看视频，了解客服的素质要求，并判断下列典型工作情景可以体现客服的哪种素质。**Watch the video to learn about the quality requirements of customer service, and determine which qualities of customer service are reflected in the following typical work scenarios.**

kèfú de sùzhì yāoqiú
客服的素质要求
Quality Requirements of Customer Service

yǔyán gōutōng nénglì
A. 语言沟通能力
verbal communication skills

xīnlǐ kàngyā nénglì
B. 心理抗压能力
psychological resilience

xùnsù xiǎngyìng nénglì
C. 迅速响应能力
rapid response ability

liǎojiě kèhù gòuwù xīnlǐ
D. 了解客户购物心理
understanding customers' shopping psychology

Chángjiàn de kèhù gòuwù xīnlǐ yǒu qiúshí xīnlǐ、 qiú měi xīnlǐ、 qiú míng xīnlǐ.
❶ 常见 的客户购物心理有求实心理、求美心理、求名心理。
Common customers' shopping psychology includes truth-seeking psychology, beauty-seeking psychology and fame-seeking psychology.

Zài yǔ kèhù jiāoliú de guòchéng zhōng, búyào qīngyì yòng "kěndìng、 bǎozhèng、 juéduì" děng cíyǔ.
❷ 在与客户交流的 过程 中，不要轻易 用 "肯定、保证 、绝对" 等词语。
During the process of communicating with customers, do not easily use "肯定，保证，绝对" and other words.

Wǎngdiàn kèfú rényuán yào shànyú fǎnsī, shànyú zìwǒ tiáozhěng、 zìwǒ zhǎngkòng qíngxù.
❸ 网店 客服人员 要善于 反思，善于自我 调整、自我 掌控 情绪。
Online store customer service staff should be good at reflection, self-adjustment, and self-control of emotions.

Rúguǒ děngdài shíjiān guò cháng, xìngzi jí de kèhù kěnéng zhíjiē jiù zǒu le.
❹ 如果 等待 时间过 长，性子急的客户可能直接就走了。
If the waiting time is too long, quick-tempered customers may simply leave.

❶ ＿＿＿＿＿＿＿   ❷ ＿＿＿＿＿＿＿   ❸ ＿＿＿＿＿＿＿   ❹ ＿＿＿＿＿＿＿

二、课文　kèwén　Texts

A 🎧 02-01

Diànzǐ shāngwù kèfú xūyào jùyǒu zhuānyè lǐlùn zhīshi yǔ shíjiàn jìnéng. Zhuānyè lǐlùn
电子 商务 客服需要具有专业理论知识与实践技能。 专业理论

zhīshi shèjí shāngpǐn zhīshi、 diànzǐ shāngwù píngtái guīzé、 wùliú zhīshi děng. Shíjiàn jìnéng
知识涉及商品 知识、电子 商务 平台规则、物流知识 等。实践技能

bāokuò yǔyán gōutōng nénglì、 liánghǎo de xīnlǐ sùzhì、 kuàisù xiǎngyìng nénglì、 liǎojiě
包括语言沟通 能力、 良好的心理素质、 快速 响应 能力、 了解

kèhù gòuwù xīnlǐ de nénglì děng.
客户购物心理的能力等。

译文 yìwén Text in English

E-commerce customer service staff shall have professional theoretical knowledge and practical skills. Professional theoretical knowledge involves commodity knowledge, e-commerce platform rules, logistics knowledge, etc. Practical skills include verbal communication skills, good psychological quality, rapid response ability, and the ability to understand customers' shopping psychology.

普通词语 pǔtōng cíyǔ General Vocabulary 🎧 02-02

1.	专业	zhuānyè	n.	specialized profession
2.	理论	lǐlùn	n.	theory
3.	知识	zhīshi	n.	knowledge

4.	实践	shíjiàn	v.	practice
5.	技能	jìnéng	n.	skill
6.	涉及	shèjí	v.	involve
7.	良好	liánghǎo	adj.	good

专业词语 zhuānyè cíyǔ Specialized Vocabulary 🎧 02-03

1.	平台规则	píngtái guīzé	phr.	platform rule
	规则	guīzé	n.	rule
2.	语言沟通能力	yǔyán gōutōng nénglì	phr.	verbal communication skill
3.	心理素质	xīnlǐ sùzhì	phr.	psychological quality
	心理	xīnlǐ	n.	psychology
	素质	sùzhì	n.	quality
4.	快速响应	kuàisù xiǎngyìng	phr.	rapid response
5.	购物心理	gòuwù xīnlǐ	phr.	shopping psychology

B 🎧 02-04

Diànzǐ shāngwù kèfú xūyào jùyǒu de jīběn sùzhì hái bāokuò zérènxīn、 nàixīn、 tónglǐxīn
电子 商务客服需要具有的基本素质还包括责任心、 耐心、 同理心

hé zìkònglì. Tónglǐxīn yāoqiú kèfú bǎ zìjǐ dàngzuò kèhù, shèshēn-chǔdì de lái tǐhuì
和自控力。 同理心要求客服把自己当作客户, 设身处地地来体会

kèhù de chǔjìng hé xūyào, gěi kèhù tígōng gèng héshì de shāngpǐn hé fúwù.
客户的处境和需要, 给客户提供 更合适的 商品和服务。

译文 yìwén Text in English

The basic qualities required for e-commerce customer service staff also include sense of responsibility, patience, empathy and self-control. Empathy requires customer service staff to put themselves in customers' places to experience customers' situations and needs, and provide customers with more appropriate goods and service.

普通词语 pǔtōng cíyǔ General Vocabulary 🎧 02-05

1.	基本	jīběn	adj.	basic
2.	要求	yāoqiú	v.	require
3.	当作	dàngzuò	v.	regard as
4.	设身处地	shèshēn-chǔdì	phr.	put oneself in sb.'s place
5.	体会	tǐhuì	v.	learn from experience
6.	处境	chǔjìng	n.	situation

专业词语 zhuānyè cíyǔ Specialized Vocabulary 🎧 02-06

1.	责任心	zérènxīn	n.	sense of responsibility
2.	同理心	tónglǐxīn	n.	empathy
3.	自控力	zìkònglì	n.	self-control

三、视听说 shì-tīng-shuō Viewing, Listening and Speaking

看视频，了解电子商务客服需要掌握的商品知识，从服务用语判断并选择电子商务客服介绍的主要商品信息。**Watch the video to learn about the commodity knowledge required for e-commerce customer service staff, judge and choose the main commodity information introduced by e-commerce customer service staff from the service expressions.**

shāngpǐn xìnxī de jièshào
商品 信息的介绍
Introduction of Commodity Information

shāngpǐn xíngzhuàng
A. 商品 形状
shape of a commodity

shìyòng fànwéi
B. 适用 范围
scope of application

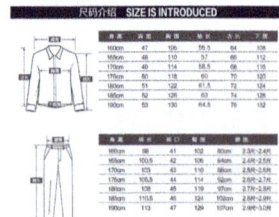

shāngpǐn chǐmǎ
C. 商品 尺码
size of a commodity

shāngpǐn ānzhuāng
D. 商品 安装
installation of a commodity

shāngpǐn shǐyòng shuōmíng
E. 商品 使用 说明
instructions for commodity use

1 Qīn, nín kěyǐ kàn yíxiàr xiángqíngyè guīgé, yìbān huì bǐ zhèngcháng shāngpǐn cháng 3～5 cm.
亲，您 可以 看 一下儿 详情页 规格，一般 会比 正常 商品 长 3～5 cm。
Dear, you can take a look at the specifications on the detail page, which is usually 3-5cm longer than normal products.

2 Qīn, zhè kuǎn zhuōzi shì yuánxíng de, shìhé yì jiā rén yìqǐ chīfàn.
亲，这 款 桌子 是 圆形 的，适合 一家人 一起 吃饭。
Dear, this table is round, and is suitable for a family to eat together.

3 Qīn, zhè kuǎn nǎifěn shì zhuānmén wèi gāng chūshēng 1 gè yuè de bǎobao zhǔnbèi de.
亲，这 款 奶粉 是 专门 为 刚 出生 1个月的 宝宝 准备 的。
Dear, this milk powder is specially prepared for one-month-old babies.

4 Qīn, wǒmen jiā kōngtiáo dōu yǒu zhuānrén shàngmén ānzhuāng.
亲，我们 家 空调 都 有 专人 上门 安装。
Dear, air conditioners sold in our store will be installed by qualified professionals.

5 Qīn, zhè kuǎn zhédiéyǐ de shǐyòng shuōmíngshū zài xiāngzi li, nín hái kěyǐ kàn wǒ fā gěi nín de
亲，这 款 折叠椅的使用 说明书 在 箱子里，您 还可以看 我 发给 您 的
duǎnshìpín liǎojiě yíxiàr.
短视频 了解 一下儿。
Dear, the instructions for using this folding chair are in the box. You can also watch the short video I sent you to have a better understanding.

1_____ **2**_____ **3**_____ **4**_____ **5**_____

说一说 Let's talk

说说电子商务客服介绍商品信息时的常用语。**Talk about the common expressions used by e-commerce customer service staff when introducing commodity information.**

四、学以致用　xuéyǐzhìyòng　Practicing What You Have Learnt

看视频，了解电子商务客服的素质要求，将顾客的问题和体现客服素质的典型工作用语进行匹配。

Watch the video to learn about the quality requirements of e-commerce customer service, and match the customers' questions with typical work expressions reflecting the quality of customer service staff.

kèfú diǎnxíng gōngzuò yòngyǔ
客服典型　工作　用语
Typical Work Expressions of Customer Service

gùkè:　Wǒ yǐjīng xiàdān le，néng bǎozhèng　2 tiān nèi dào ma？　Jízhe yòng！
A. 顾客：我已经下单了，能　保证　2天内到吗？急着用！
Customer: I have placed an order. Can you guarantee that it will arrive within two days? I need it urgently!

gùkè:　Wǒ mǎi de shāngpǐn wèi shénme yìzhí tuōzhe méiyǒu fāhuò？　Nǐmen yǒu méiyǒu guǎn？
B. 顾客：我买的　商品　为什么一直拖着没有发货？你们有没有　管？
Customer: Why have the goods I bought been delayed in shipment? Who is in charge of it?

gùkè:　Zài ma？Zhè kuǎn shāngpǐn yǒu méiyǒu yōuhuì？
C. 顾客：在吗？这款　商品　有没有优惠？
Customer: Is someone in? Is there a discount for this product?

gùkè:　Zhè kuǎn yùndòngxié hé nǐmen jiā lìngwài yì kuǎn yǒu shénme qūbié？
D. 顾客：这款　运动鞋和你们家另外一款有　什么区别？
Customer: What's the difference between this type of sneakers and the other one in your store?

kèfú:　Qīn，qǐngwèn nín yǒu shénme rìcháng　xūqiú ne？
❶ 客服：亲，请问您有什么日常需求呢？
Customer service: Dear, what are your daily needs?

kèfú:　Qīn，yìbān wǒmen shāngpǐn 3～5 tiān néng dào，qǐng nín nàixīn děngdài！
❷ 客服：亲，一般我们　商品 3～5天能到，请您耐心等待！
Customer service: Dear, our products can usually arrive within 3-5 days. Please wait patiently!

kèfú:　Qīn，bù hǎoyìsi，yóuyú dìngdān bàozēng，wǒmen huì àn xiàdān shùnxù zhuājǐn fāhuò，
❸ 客服：亲，不好意思，由于订单暴增，我们会按下单顺序抓紧发货，
qǐng nín nàixīn děngdài.
请您耐心等待。

Customer service: Sorry, dear. Due to the surge in orders, we will expedite the shipment in the order of placement. Please wait patiently.

kèfú: Qīn, zhè kuǎn shāngpǐn shì shàngxīn chǎnpǐn, yǒu yōuhuì de.
❹ 客服：亲，这 款 商品 是 上新 产品，有 优惠 的。
Customer service: Dear, this product is a new arrival with discounts available.

❶＿＿＿＿ ❷＿＿＿＿ ❸＿＿＿＿ ❹＿＿＿＿

五、小知识　xiǎo zhīshi　Tips

Zhìnéng qínggǎn kèfú
智能 情感客服

Jīngdōng zhìnéng qínggǎn kèfú tōngguò xùnliàn ràng AI xuéxí rén zài shēngqì、 shīwàng、
京东 智能 情感客服 通过 训练 让AI 学习人在 生气、失望、

fènnù、 jiāolǜ děng qíngxù xià de shuōhuà fāngshì, bìng gēnjù qī zhǒng bù tóng de qíngxù zuòle
愤怒、焦虑等 情绪下 的 说话 方式，并 根据七种 不 同 的 情绪做了

jīngxì lìdù qíngxù shíbié móxíng, nénggòu duì měi yì zhǒng qíngxù de gāo、 zhōng、 dī nóngdù
精细粒度情绪识别模型，能够 对每一种 情绪的高、中、低浓度

jìnxíng gèng xìzhì de jiǎncè, zuìhòu xíngchéng zhěnggè qíngxù jiǎncè jǔzhèn, cóng'ér gèng hǎo de
进行 更细致的检测，最后 形成 整个 情绪检测矩阵，从而 更 好地

gǎnzhī yònghù de qíngxù. Jīngdōng zhìnéng qínggǎn kèfú bùjǐn jùbèi bìhuán jiějué wèntí de
感知用户的情绪。京东 智能 情感客服不仅具备闭环解决问题的

nénglì, gèng yǒu "zhī rénxīn、 jiě rényì、 jiǎng rénhuà" de tèxìng, zài bǎozhàng yònghù
能力，更 有"知人心、解人意、讲人话"的特性，在 保障 用户

zīxún tǐyàn de jīchǔ shang, néng jīngzhǔn gǎnzhī、 fēnxī yònghù de qíngxù, bìng zài huífù
咨询体验的基础 上，能 精准 感知、分析用户的情绪，并在 回复

zhōng yùnhán xiāngyìng de qínggǎn.
中 蕴含 相应 的 情感。

Intelligent Emotional Customer Service

JD Intelligent Emotional Customer Service trained AI to learn how people speak in emotions such as anger, disappointment, fury, and anxiety. It developed a fine-grained emotion recognition model based on seven different emotions, which can detect the high, moderate, and low concentrations of each emotion in more detail, and finally forming an entire emotion detection matrix to better perceive users' emotions. JD Intelligent Emotional Customer Service not only has the ability to solve problems in a closed-loop manner, but also has the characteristics of "understanding people's minds, understanding people's feelings, and having a good tongue". On the basis of ensuring users' consultation experience, it can accurately perceive and analyze users' emotions, and have the corresponding emotions in its responses.

1.	抗压能力	kàngyā nénglì	phr.	anti-pressure ability, resilience
2.	商品尺码	shāngpǐn chǐmǎ	phr.	size of a commodity
3.	商品形状	shāngpǐn xíngzhuàng	phr.	shape of a commodity
4.	适用范围	shìyòng fànwéi	phr.	scope of application
5.	商品安装	shāngpǐn ānzhuāng	phr.	installation of a commodity
6.	商品使用	shāngpǐn shǐyòng	phr.	commodity use

第二部分　Part 2

汉字　*Chinese Characters*

一、汉字知识　Hànzì zhīshi　Knowledge about Chinese Characters

汉字的偏旁（2）　Radicals of Chinese characters (2)

偏旁 Radicals	例字 Examples	部件组合 Combinations	结构图示 Illustrations
氵	汽	氵＋气	⬚⬚
	法	氵＋去	⬚⬚
	汉	氵＋又	⬚⬚
	洗	氵＋先	⬚⬚
	澡	氵＋桑	⬚⬚
	没	氵＋殳	⬚⬚
讠	语	讠＋吾	⬚⬚
	课	讠＋果	⬚⬚

（续表）

偏旁 Radicals	例字 Examples	部件组合 Combinations	结构图示 Illustrations
讠	请	讠 + 青	
	谢	讠 + 射	
	词	讠 + 司	
	谁	讠 + 隹	
	认	讠 + 人	
	识	讠 + 只	
艹	节	艹 + 卩	
	英	艹 + 央	
	花	艹 + 化	
	苹	艹 + 平	
	蕉	艹 + 焦	
辶	远	辶 + 元	
	这	辶 + 文	
	运	辶 + 云	
	道	辶 + 首	
	边	辶 + 力	
	选	辶 + 先	
	还	辶 + 不	

二、汉字认读与书写　Hànzì rèndú yǔ shūxiě　The Recognition and Writing of Chinese Characters

认读下列词语，并试着读写构成词语的汉字。**Recognize the following words, and try to read and write the Chinese characters forming these words.**

涉及　　心理素质　　责任心　　同理心

涉			及			心			理		
素			质			责			任		
心			同			理			心		

第三部分　Part 3

日常用语 *Daily Expressions*

❶ 你一个人来吗？　Nǐ yí gè rén lái ma? Are you by yourself ?

❷ 你没有问题吧？　Nǐ méiyǒu wèntí ba? Is it all right with you?

❸ 你在跟我开玩笑吧？　Nǐ zài gēn wǒ kāi wánxiào ba? Are you kidding me?

第四部分　Part 4

单元实训 *Unit Practical Training*

客服素质应用实训　kèfú sùzhì yìngyòng shíxùn

Practical Training on Customer Service Quality Application

实训目的 Training purpose

了解日常网购平台上客服对问题的回复，了解电子商务客服应具备的基本素质和专业素质。

To understand customer service staff's response to inquiries on daily online shopping platforms, understand the basic and professional qualities that e-commerce customer service staff should possess

实训组织 Training organization

每组四人，分工合作。

Four students work in each group, cooperating with a due division of labor.

实训步骤 Training steps

每组准备一个智能手机，手机上安装好电子商务平台 APP，有上网条件。

Each group prepares a smartphone, which is equipped with an e-commerce platform APP and has the access to the Internet.

❶ 打开电子商务平台 APP，访问电子商务平台。

Open the e-commerce platform APP and visit the e-commerce platform.

❷ 根据小组准备的问题与客服进行沟通。

Communicate with the customer service staff based on the questions prepared by the group.

❸ 总结客服语言，将客服语言与其所反映的客服素质相对应。

Summarize the customer service expressions and match the expressions with the qualities of customer service they reflect.

❹ 各组总结汇报，教师对各组的实施情况进行点评。

Each group summarizes and reports, and the teacher comments on the performance of each group.

第五部分　Part 5

单元小结 *Unit Summary*

cíyǔ 词语 Vocabulary	普通词语　General Vocabulary			
	1. 专业	zhuānyè	n.	specialized profession

2.	理论	lǐlùn	n.	theory
3.	知识	zhīshi	n.	knowledge
4.	实践	shíjiàn	v.	practice
5.	技能	jìnéng	n.	skill
6.	涉及	shèjí	v.	involve
7.	良好	liánghǎo	adj.	good
8.	基本	jīběn	adj.	basic
9.	要求	yāoqiú	v.	require
10.	当作	dàngzuò	v.	regard as
11.	设身处地	shèshēn-chǔdì	phr.	put oneself in sb.'s place
12.	体会	tǐhuì	v.	learn from experience
13.	处境	chǔjìng	n.	situation

专业词语　Specialized Vocabulary

cíyǔ
词语
Vocabulary

1.	平台规则	píngtái guīzé	phr.	platform rule
	规则	guīzé	n.	rule
2.	语言沟通能力	yǔyán gōutōng nénglì	phr.	verbal communication skill
3.	心理素质	xīnlǐ sùzhì	phr.	psychological quality
	心理	xīnlǐ	n.	psychology
	素质	sùzhì	n.	quality
4.	快速响应	kuàisù xiǎngyìng	phr.	rapid response
5.	购物心理	gòuwù xīnlǐ	phr.	shopping psychology
6.	责任心	zérènxīn	n.	sense of responsibility
7.	同理心	tónglǐxīn	n.	empathy
8.	自控力	zìkònglì	n.	self-control

补充专业词语　Supplementary Specialized Vocabulary

1.	抗压能力	kàngyā nénglì	phr.	anti-pressure ability, resilience
2.	商品尺码	shāngpǐn chǐmǎ	phr.	size of a commodity
3.	商品形状	shāngpǐn xíngzhuàng	phr.	shape of a commodity
4.	适用范围	shìyòng fànwéi	phr.	scope of application
5.	商品安装	shāngpǐn ānzhuāng	phr.	installation of a commodity
6.	商品使用	shāngpǐn shǐyòng	phr.	commodity use

jùzi 句子 Sentences	1. 您可以看一下儿详情页规格。 2. 这款桌子是圆形的。 3. 这款奶粉是专门为刚出生 1 个月的宝宝准备的。 4. 我们家空调都有专人上门安装。 5. 这款折叠椅的使用说明书在箱子里。 6. 请问您有什么日常需求呢？ 7. 请您耐心等待。 8. 这款商品是上新产品。

3

Gōngzuò jìqiǎo

工作技巧
Job Skills

gōngzuò jìqiǎo
工作技巧
Job Skills

lǐxìng gōutōng yuánzé
理性 沟通 原则
Principle of Rational Communication

wèi kèhù zhuóxiǎng yuánzé
为客户 着想 原则
Principle of Taking Customers into
Consideration

zūnzhòng kèhù yuánzé
尊重 客户 原则
Principle of Respecting Customers

xìnrèn yuánzé
信任原则
Principle of Trust

题解　Introduction

1. 学习内容：电子商务客服应掌握的工作技巧。

   Learning content: The job skills that e-commerce customer service should master

2. 知识目标：掌握与电子商务客服工作技巧相关的关键词和短语，了解汉字的偏旁"扌""木""纟""心""𧾷"，学写相关汉字。

   Knowledge objectives: To master the keywords and phrases related to the job skills of e-commerce customer service, understand the radicals of Chinese characters such as "扌", "木", "纟", "心", "𧾷", and learn to write the related Chinese characters

3. 技能目标：学会能体现客服工作技巧的典型工作用语。

   Skill objective: To learn the typical work expressions that reflect the job skills of customer service

第一部分　Part 1

课文　*Texts*

一、热身　rèshēn　Warm-up

1. 给词语选择对应的图片。**Choose the corresponding picture for each word.**

A.

B.

C.

D.

lǐxìng gōutōng yuánzé
❶ 理性 沟通 原则＿＿＿＿＿＿＿

principle of rational communication

wèi kèhù zhuóxiǎng yuánzé
❷ 为客户 着想 原则＿＿＿＿＿＿＿

principle of taking customers into consideration

zūnzhòng kèhù yuánzé
❸ 尊重 客户原则＿＿＿＿＿＿＿

principle of respecting customers

xìnrèn yuánzé
❹ 信任原则＿＿＿＿＿＿＿

principle of trust

2. 看视频，了解客服应掌握的工作技巧，将工作情景与所需要的工作技巧进行匹配。**Watch the video to learn about the job skills required for customer service staff, and match the work scenarios with the job skills needed.**

kèfú de gōngzuò jìqiǎo
客服的 工作 技巧
Job Skills of Customer Service Staff

lǐxìng gōutōng yuánzé
A. 理性 沟通 原则
principle of rational
communication

zūnzhòng kèhù yuánzé
B. 尊重 客户 原则
principle of respecting
customers

xìnrèn yuánzé
C. 信任 原则
principle of trust

wèi kèhù zhuóxiǎng yuánzé
D. 为客户 着想 原则
principle of taking customers
into consideration

Rúguǒ kèhù de xíngwéi zhēn de hěn ràng rén shēngqì, nàme kèfú rényuán xūyào de jiù shì lǐxìng yǔ lěngjìng.
❶ 如果客户的行为 真的很 让人生气，那么客服人员 需要的就是理性与冷静。
If the customer's behavior is really irritating, then the customer service staff needs to be rational and calm.

Kèfú rényuán shǒuxiān yào kǎolù rúhé wèi kèhù tígōng hǎo de fúwù.
❷ 客服人员 首先 要考虑如何为客户提供好的服务。
Customer service staff should first consider how to provide good service to customers.

Yǒngyuǎn zhēnchéng de shì kèhù wéi péngyou, gěi kèhù kěkào de bāngzhù hé tiēxīn de guānhuái.
❸ 永远 真诚 地视客户为 朋友，给客户可靠的 帮助 和贴心的 关 怀。
Always sincerely regard customers as friends, and provide them with reliable help and thoughtful care.

Zhǐyǒu duìfāng xìnrèn nǐ, cái huì lǐjiě nǐ de dòngjī.
❹ 只有 对方 信任你，才会理解你的动机。
Only if they trust you, will they understand your motives.

❶ _____ ❷ _____ ❸ _____ ❹ _____

二、课文　kèwén　Texts

A　🎧03-01

Shòuqián kèfú de zhǔyào mùdì shì yǐndǎo kèhù xiàdān. Zài yǔ kèhù duìhuà de guòchéng
售前客服的主要目的是引导客户下单。在与客户对话的 过程

zhōng, kèfú yào zhùyì kèhù shuōhuà de yǔqì, pànduàn kèhù de xìnggé, yǐ xúnwènshì de
中，客服要注意客户说话的语气，判断客户的性格，以询问式的

yǔqì, cóng kèhù nàlǐ huòdé zuì duō de xūqiú xìnxī, zhǔnquè bǎwò kèhù yìxiàng, jìn'ér
语气，从客户那里获得最多的需求信息，准确把握客户意向，进而

cùchéng dìngdān.
促成 订单。

译文 yìwén Text in English

The main purpose of pre-sales customer service is to guide customers to place orders. During the conversations with customers, customer service staff should pay attention to customers' tone of voice, judge their personalities, use an inquiring tone to obtain as much demand information as possible from customers, accurately grasp their intentions, thus ultimately helping to bring about orders.

普通词语 pǔtōng cíyǔ General Vocabulary　🎧03-02

1.	目的	mùdì	n.	purpose
2.	对话	duìhuà	v.	hold a dialogue
3.	说话	shuō//huà	v.	speak
4.	语气	yǔqì	n.	tone, manner of speaking
5.	判断	pànduàn	v.	judge
6.	性格	xìnggé	n.	personality
7.	询问式	xúnwènshì	n.	inquiring tone
	询问	xúnwèn	v.	inquire
8.	那里	nàlǐ	pron.	there
9.	准确	zhǔnquè	adj.	accurate
10.	把握	bǎwò	v.	grasp

专业词语 zhuānyè cíyǔ Specialized Vocabulary　🎧03-03

1.	客户意向	kèhù yìxiàng	phr.	customer's intention
	意向	yìxiàng	n.	intention

B 🎧 03-04

Shòuhòu kèfú shì yí xiàng xūyào nàixīn de gōngzuò. Zhǔyào de jìqiǎo bāokuò lǐmào dàikè、
售后客服是一项 需要耐心的 工作。主要的技巧包括礼貌待客、

nàixīn duìhuà、 shùlì jījí de jiějué wèntí de tàidù. Zài duìhuà zhōng shǎo yòng "wǒ"
耐心对话、树立积极的解决问题的态度。在 对话 中 少 用"我"

zì, duō yòng "nín" huò "zánmen" zhèyàng de biǎodá, ràng gùkè gǎnjué dào màijiā zài quánxīn-
字，多用"您"或"咱们"这样 的表达，让顾客感觉到卖家在 全心

-quányì de wèi tā jiějué wèntí.
全意地为他解决问题。

译文 yìwén Text in English

After-sales customer service is a job that requires patience. The main skills include treating customers politely, making conversations patiently, and establishing a positive attitude towards solving problems. In conversations, make less use of "我" and more expressions like "您" or "咱们" to make customers feel that the seller is wholeheartedly solving their problems.

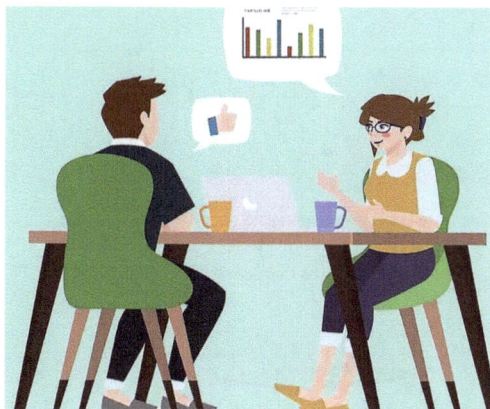

普通词语 pǔtōng cíyǔ General Vocabulary   🎧 03-05

1.	项	xiàng	m.	*a measure word for itemized things*
2.	技巧	jìqiǎo	n.	skill
3.	树立	shùlì	v.	establish
4.	积极	jījí	adj.	positive
5.	态度	tàidù	n.	attitude
6.	少	shǎo	adj.	less, few
7.	我	wǒ	pron.	I, me
8.	字	zì	n.	character
9.	您	nín	pron.	(*honorific*) you

10.	咱们	zánmen	pron.	we (including both the speaker and the person/persons spoken to)
11.	表达	biǎodá	v.	express
12.	感觉	gǎnjué	v.	feel
13.	全心全意	quánxīn-quányì	phr.	wholeheartedly
14.	为	wèi	prep.	for

专业词语 zhuānyè cíyǔ Specialized Vocabulary 🎧 03-06

1.	礼貌待客	lǐmào dài kè	phr.	treat customers politely
2.	耐心对话	nàixīn duìhuà	phr.	make a conversation patiently
3.	解决问题	jiějué wèntí	phr.	solve a problem

三、视听说 shì-tīng-shuō *Viewing, Listening and Speaking*

看视频，了解电子商务售前客服的日常用语，将用语与相应情境进行匹配，并说说电子商务售前客服在各种情境中的工作技巧。**Watch the video to learn about the daily expressions of e-commerce pre-sales customer service, match the expressions with the corresponding situations, and talk about the job skills of e-commerce pre-sales customer service in various situations.**

shòuqián kèfú gōngzuò jìqiǎo
售前 客服 工作 技巧
Job Skills of Pre-Sales Customer Service

huānyíngyǔ
A. 欢迎语
welcome speech

yǐndǎo huàshù
B. 引导 话术
guiding verbal skills

yìjià
C. 议价
bargaining

cuī dān
D. 催单
payment reminder

Nín hǎo, huānyíng guānglín!
① 您好，欢迎 光临！
Hello, welcome!

Nín zhǔyào xiǎng zhǎo yì kuǎn shénmeyàng gōngnéng de jīqì ne?
② 您主要 想 找一款 什么样 功能 的机器呢？
What kind of machine are you looking for?

Qīn, nín shì bu shì zài pāi dān fùkuǎn shang yùdào shénme wèntí le?
③ 亲，您是不是在拍单 付款 上 遇到 什么 问题了？
Dear, have you encountered any problem with placing the order and making the payment?

Zhè kuǎn jīqì de gōngnéng fēicháng duō, jiàgé yǐjīng hěn yōuhuì le.
④ 这 款机器的 功能 非常 多，价格已经很 优惠了。
This machine has many functions and the price is already very favorable.

① _____ ② _____ ③ _____ ④ _____

说一说　**Let's talk**

说说电子商务售前客服与客户沟通时的技巧。**Talk about the skills of e-commerce pre-sales customer service when communicating with customers.**

四、学以致用　xuéyǐzhìyòng　Practicing What You Have Learnt

看视频，了解电子商务客服促进商品成交的技巧，将它们与相应情境进行匹配。**Watch the video to learn about the skills that e-commerce customer service staff use to promote transactions, and match them with the corresponding situations.**

cùjìn shāngpǐn chéngjiāo de jìqiǎo
促进 商品 成交 的技巧
Tips for Promoting Product Transactions

yōuhuì chéngjiāo fǎ
A. 优惠 成交 法
preferential transaction method

jībùkěshī fǎ
B. 机不可失法
now-or-never chance method

cóngzhòng chéngjiāo fǎ
C. 从众　成交　法
conformity with the majority transaction method

bǎozhèng chéngjiāo fǎ
D. 保证　成交　法
guarantee transaction method

❶
Qīn, zhè kuǎn shǒubiǎo jīntiān yǒu yōuhuì huódòng, chúle diànpù yōuhuì 100 yuán yǐwài,　wǒ zhèlǐ
亲，这　款　手表　今天有　优惠　活动，除了店铺　优惠100 元 以外，我这里
zài gěi nín 50 yuán yōuhuìquàn.
再给您50 元　优惠券。

Dear, this watch has a special offer today. In addition to the store discount of 100 *yuan*, I give you another 50-*yuan* coupon.

❷
Qīn, zhè kuǎn　kāfēijī　nín gòumǎi hòu wǒmen jiāng chéngnuò zhì bǎo 3 nián.
亲，这　款 咖啡机 您　购买 后 我们　将　承诺　质保3 年。

Dear, after you buy this coffee machine, we will promise a three-year warranty.

❸
Qīn,　zhè kuǎn guìhuāyā shì Nánjīng tèchǎn, zhège pǐnpái fēicháng yǒumíng, nín kěyǐ fàngxīn gòumǎi.
亲，这　款　桂花鸭是　南京　特产，这个品牌　非常　有名，您可以 放心　购买。

Dear, this sweet-scented osmanthus duck is a speciality of Nanjing, and this brand is very famous, so you can rest assured to buy it.

❹
Qīn, zhè kuǎn dǎyìnjī jīntiān zhíbōjiān yǒu huódòng,　mǎn 1000 jiǎn 200,　yuánjià 1100, xiànzài jǐn xū
亲，这　款　打印机 今天直播间有　活动，满1000 减200，原价1100，现在仅需
900　yuán.
900　元。

Dear, there is a promotion for this printer in today's live broadcasting room; 200 *yuan* off for purchases over 1,000 *yuan*. The original price was 1,100 *yuan*, but now it only costs 900 *yuan*.

❶ _____ **❷** _____ **❸** _____ **❹** _____

五、小知识　xiǎo zhīshi　Tips

Diànshāng zhíbō
电商　直播

Diànshāng zhíbō,　shì yì zhǒng gòuwù fāngshì,　zài fǎlǜ shang shǔyú shāngyè guǎnggào huódòng.
电商　直播，是一种　购物方式，在法律上　属于商业　广告　活动。

Zhǔbō gēnjù　jùtǐ xíngwéi xūyào chéngdān "guǎnggào dàiyánrén" "guǎnggào fābùzhě"　huò "guǎng-
主播根据具体行为　需要　承担"广告　代言人""广告 发布者"或"广
gàozhǔ" de zérèn.　Rúguǒ xiāofèizhě mǎidào jiǎ huò,　shǒuxiān yīng liánxì xiāoshòuzhě jí màijiā chéng-
告主"的责任。如果消费者买到假货，首先 应联系销售者即卖家承
dān fǎlǜ zérèn,　zhǔbō hé diànshāng zhíbō píngtái yě yào chéngdān xiāngyìng de liándài zérèn.
担法律责任，主播和　电商　直播平台也要　承担　相应　的连带责任。

Diànshāng zhíbō chénggōng yīng jùbèi sì yàosù: zhǔbō —— xuǎnzé rénshè shìyí; yònghù
电商 直播 成功 应具备四要素：主播——选择人设适宜；用户

（xūqiúcè）—— yònghù shìfǒu wéi zhǔbō de fěnsī, shìfǒu róngyì bèi zhǔbō yǐngxiǎng; huòpǐn
（需求侧）——用户是否为主播的粉丝，是否容易被主播影响；货品

（gōngjǐcè）—— zhíbō ràng chǎnpǐn chéngwéi jiāodiǎn, zhìliàng guòyìng de chǎnpǐn shì guānjiàn;
（供给侧）——直播让 产品 成为 焦点，质量过硬的产品是关键；

jùběn —— zhǔbō、 yònghù、 huòpǐn sān zhě shì jīyú chǎngjǐng jiāohù de, xūyào ànzhào jìdìng
剧本——主播、用户、货品三者是基于场景交互的，需要按照既定

jùběn kòngzhì de jùqíng xíngchéng "chǎngyù", cùchéng dàliàng chéngjiāo.
剧本控制的剧情 形成 "场域"，促成 大量 成交。

E-commerce Live Streaming

E-commerce live streaming is a way of shopping that is legally one of commercial advertising activities. The anchor shall bear the responsibility of being an "advertising spokesperson", "advertising publisher" or "advertiser" based on specific actions. If consumers buy counterfeit goods, they should first contact the seller, who should bear legal responsibility. The anchor and e-commerce live streaming platform should also bear the corresponding joint liability. The success of e-commerce live streaming should have four elements: anchor—selecting suitable character settings; users (demand side) — whether the users are fans of the anchor and whether they are easily influenced by the anchor; products (supply side)—live streaming makes products the focus, and high-quality products are the key; script— the anchor, users, and products interact based on scenes and need to form "fields" based on the plot controlled by an established script to help bring about a large number of transactions.

补充专业词语 bǔchōng zhuānyè cíyǔ Supplementary Specialized Vocabulary 🎧 03-07

1.	欢迎语	huānyíngyǔ	phr.	welcome speech
2.	引导话术	yǐndǎo huàshù	phr.	guiding verbal skills
3.	催单	cuī dān	phr.	payment reminder
4.	议价	yìjià	v.	bargain
5.	优惠成交法	yōuhuì chéngjiāo fǎ	phr.	preferential transaction method
6.	保证成交法	bǎozhèng chéngjiāo fǎ	phr.	guarantee transaction method
7.	从众成交法	cóngzhòng chéngjiāo fǎ	phr.	conformity with the majority transaction method
8.	机不可失法	jībùkěshī fǎ	phr.	now-or-never chance method

第二部分　Part 2

汉字　*Chinese Characters*

一、汉字知识　Hànzì zhīshi　Knowledge about Chinese Characters

汉字的偏旁（3）　Radicals of Chinese characters (3)

偏旁 Radicals	例字 Examples	部件组合 Combinations	结构图示 Illustrations
扌	打	扌 + 丁	
	拾	扌 + 合	
	报	扌 + 艮	
	找	扌 + 戈	
	排	扌 + 非	
	搬	扌 + 般	
木	树	木 + 对	
	机	木 + 几	
	极	木 + 及	
	杯	木 + 不	
	校	木 + 交	
	样	木 + 羊	
纟	经	纟 + 圣	
	红	纟 + 工	
	绿	纟 + 录	
	绒	纟 + 戎	
心	怎	乍 + 心	
	想	相 + 心	
	态	太 + 心	
	感	咸 + 心	
	您	你 + 心	
𧾷	路	𧾷 + 各	
	跟	𧾷 + 艮	
	踢	𧾷 + 易	
	跑	𧾷 + 包	

二、汉字认读与书写　Hànzì rèndú yǔ shūxiě　The Recognition and Writing of Chinese Characters

认读下列词语，并试着读写构成词语的汉字。Recognize the following words, and try to read and write the Chinese characters forming these words.

把握　　树立　　表达　　感觉　　解决问题

把			握			树			立		
表			达			感			觉		
解			决			问			题		

第三部分　Part 3

日常用语 *Daily Expressions*

❶ 如果你们方便的话，我想现在讨论一下儿日程安排的问题。Rúguǒ nǐmen fāngbiàn dehuà, wǒ xiǎng xiànzài tǎolùn yíxiàr rìchéng ānpái de wèntí. If it's convenient for you, I would like to discuss the schedule now.

❷ 哪一天都可以？ Nǎ yì tiān dōu kěyǐ? Any day will do?

第四部分　Part 4

单元实训 *Unit Practical Training*

客服工作技巧应用实训　kèfú gōngzuò jìqiǎo yìngyòng shíxùn
Practical Training on Customer Service Job Skills Application

实训目的 Training purpose
了解电子商务售前客服和售后客服的工作流程与技巧。
To understand the workflow and skills of pre-sales and after-sales customer service in e-commerce

实训组织 Training organization
每组四人，分工合作。
Four students work in each group, cooperating with a due division of labor.

实训步骤 Training steps
每组准备一个智能手机，手机上安装好电商平台 APP，有上网条件。
Each group prepares a smartphone, which is equipped with an e-commerce platform APP and has the access to the Internet.

❶ 打开电子商务平台 APP，访问电子商务平台。
　Open the e-commerce platform APP and visit the e-commerce platform.

❷ 根据小组准备的问题与客服进行沟通。

Communicate with customer service based on the questions prepared by the group.

❸ 总结客服语言，将客服语言与所反映的工作技巧相对应。

Summarize the customer service expressions and match the expressions with the job skills reflected.

❹ 进行相应的话语练习。

Practice the corresponding discourse.

（1）练习迎接、问好的语言。

Practice the expressions of greetings.

（2）练习常见的疑问解答的语言。

Practice the expressions of answering frequently asked questions.

（3）练习有效推荐产品、更好地提升客单价、提高店铺营业额的语言。

Practice the expressions of effectively recommending the products, better improving per customer transaction and store turnover.

（4）练习促成订单时常用的语言。

Practice the expressions frequently used to help bring about an order.

❺ 各组总结汇报，教师对各组的实施情况进行点评。

Each group summarizes and reports, and the teacher comments on the performance of each group.

第五部分　Part 5

单元小结　Unit Summary

cíyǔ
词语
Vocabulary

普通词语　General Vocabulary

1.	目的	mùdì	n.	purpose
2.	对话	duìhuà	v.	hold a dialogue
3.	说话	shuō//huà	v.	speak
4.	语气	yǔqì	n.	tone, manner of speaking
5.	判断	pànduàn	v.	judge
6.	性格	xìnggé	n.	personality
7.	询问式	xúnwènshì	n.	inquiring tone
	询问	xúnwèn	v.	inquire
8.	那里	nàlǐ	pron.	there
9.	准确	zhǔnquè	adj.	accurate
10.	把握	bǎwò	v.	grasp
11.	项	xiàng	m.	*a measure word for itemized things*
12.	技巧	jìqiǎo	n.	skill
13.	树立	shùlì	v.	establish
14.	积极	jījí	adj.	positive
15.	态度	tàidù	n.	attitude

16.	少	shǎo	adj.	less, few
17.	我	wǒ	pron.	I, me
18.	字	zì	n.	character
19.	您	nín	pron.	(*honorific*) you
20.	咱们	zánmen	pron.	we (including both the speaker and the person/persons spoken to)
21.	表达	biǎodá	v.	express
22.	感觉	gǎnjué	v.	feel
23.	全心全意	quánxīn-quányì	phr.	wholeheartedly
24.	为	wèi	prep.	for

专业词语　Specialized Vocabulary

1.	客户意向	kèhù yìxiàng	phr.	customer's intention
	意向	yìxiàng	n.	intention
2.	礼貌待客	lǐmào dài kè	phr.	treat customers politely
3.	耐心对话	nàixīn duìhuà	phr.	make a conversation patiently
4.	解决问题	jiějué wèntí	phr.	solve a problem

补充专业词语　Supplementary Specialized Vocabulary

1.	欢迎语	huānyíngyǔ	phr.	welcome speech
2.	引导话术	yǐndǎo huàshù	phr.	guiding verbal skills
3.	催单	cuī dān	phr.	payment reminder
4.	议价	yìjià	v.	bargain
5.	优惠成交法	yōuhuì chéngjiāo fǎ	phr.	preferential transaction method
6.	保证成交法	bǎozhèng chéngjiāo fǎ	phr.	guarantee transaction method
7.	从众成交法	cóngzhòng chéngjiāo fǎ	phr.	conformity with the majority transaction method
8.	机不可失法	jībùkěshī fǎ	phr.	now-or-never chance method

cíyǔ 词语 Vocabulary

jùzi 句子 Sentences

1. 客服人员首先要考虑如何为客户提供好的服务。
2. 只有对方信任你，才会理解你的动机。
3. 售前客服在与客户对话的过程中，要注意客户说话的语气。
4. 售后客服是一项需要耐心的工作。
5. 亲，这款手表今天有优惠活动。
6. 这款咖啡机您购买后我们将承诺质保 3 年。
7. 这款桂花鸭是南京特产，这个品牌非常有名。
8. 这款打印机今天直播间有活动，满 1000 减 200。

Kèhù   fēnxī
客户分析
Customer Analysis

lǐzhìxíng mǎijiā
理智型买家
Rational Buyers

现在可是明码实价

tānlánxíng mǎijiā
贪婪型买家
Greedy Buyers

kèhù lèixíng
客户类型
Types of Customers

VIP xíng mǎijiā
VIP 型买家
VIP Buyers

jǐnxiǎo-shènwēi xíng mǎijiā
谨小慎微 型买家
Cautious Buyers

题解　Introduction

1. 学习内容：电子商务中客户分析的方法，以及对应的典型工作用语。

   Learning content: The methods of customer analysis in e-commerce, and the corresponding typical work expressions

2. 知识目标：掌握与电子商务客户分析相关的关键词和短语，了解汉字的偏旁"阝(左)""宀""又""月""钅""王"，学写相关汉字。

   Knowledge objectives: To master the keywords and phrases related to customer analysis in e-commerce, understand the radicals of Chinese characters such as "阝(left)", "宀", "又", "月", "钅", "王", and learn to write the related Chinese characters

3. 技能目标：学会进行客户分析。

   Skill objective: To learn to conduct customer analysis

第一部分　Part 1

课文　Texts

一、热身　rèshēn　Warm-up

1. 给词语选择对应的图片。**Choose the corresponding picture for each word.**

A.

B.

C.

D.

shìchǎng guīmó dà
❶ 市场 规模大＿＿＿＿＿＿＿＿
large market

zhùzhòng yōuhuì chǎnpǐn
❷ 注重 优惠 产品＿＿＿＿＿＿＿＿
pay attention to preferential products

shèjiāo méitǐ cānyù
❸ 社交媒体参与＿＿＿＿＿＿＿＿
social media participation

kèhù shòu jiàoyù shuǐpíng
❹ 客户 受 教育水平＿＿＿＿＿＿＿＿
education level of customers

2. 看视频，了解客户类型，并将客户类型与其特点进行匹配。**Watch the video to learn about types of customers, and match them with their characteristics.**

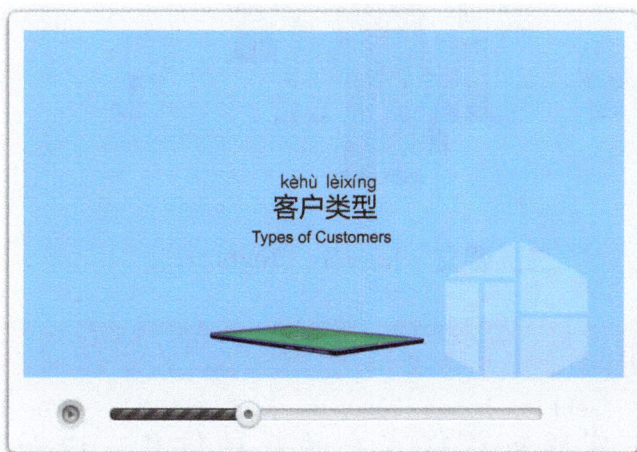

kèhù lèixíng
客户类型
Types of Customers

lǐzhìxíng mǎijiā
A. 理智型买家
rational buyers

tānlánxíng mǎijiā
B. 贪婪型买家
greedy buyers

VIP xíng mǎijiā
C. VIP 型买家
VIP buyers

jǐnxiǎo-shènwēi xíng mǎijiā
D. 谨小慎微 型买家
cautious buyers

Mǎijiā yuánzéxìng qiáng, gòumǎi sùdù kuài.
❶ 买家原则性 强，购买速度快。
The buyers are principled and quick to buy.

Tāmen huì hěn jǐnshèn, tiāoxuǎn shāngpǐn de shíhou hěn màn.
❷ 他们会很 谨慎，挑选 商品的时候很 慢。
They tend to be cautious and slow in choosing products.

Mǎijiā xǐhuan jiǎngjià, hěn tiāoti, shāo bù mǎnyì jiù yāoqiú tuìhuò、 péicháng.
❸ 买家喜欢讲价，很挑剔，稍不满意就要求退货、赔 偿。
The buyers like to bargain and are very picky, and require return and compensation if they are slightly dissatisfied.

Mǎijiā tōngcháng hěn zìxìn, rènwéi zìjǐ hěn zhòngyào, zìjǐ de kànfǎ quánbù zhèngquè.
❹ 买家 通常 很自信，认为自己很 重要，自己的看法全部 正确。
The buyers are usually very confident, and they think they're important and all their opinions are correct.

❶ ＿＿＿＿＿＿＿ ❷ ＿＿＿＿＿＿＿ ❸ ＿＿＿＿＿＿＿ ❹ ＿＿＿＿＿＿＿

二、课文　kèwén　Texts

A　04-01

Tōngguò kèhù fēnxī, kèfú kě huòdé kèhù de jīchǔ xìnxī, jìn'ér liǎojiě kèhù de
通过客户分析，客服可获得客户的基础信息，进而了解客户的

xiāofèi xíguàn, gèng hǎo de yǔ kèhù jìnxíng gōutōng, wéihù kèhù guānxì. Kèhù àn wǎnggòu
消费习惯，更好地与客户进行沟通，维护客户关系。客户按网购

jīngyàn kěyǐ fēnwéi xīnshǒu mǎijiā、 chūjí mǎijiā、 lǎoliàn mǎijiā. Lǎoliàn mǎijiā shúxi gòuwù
经验可以分为新手买家、初级买家、老练买家。老练买家熟悉购物

liúchéng, kèfú bú zàixiàn shí kěyǐ zìxíng xiàdān.
流程，客服不在线时可以自行下单。

译文 yìwén Text in English

Through customer analysis, customer service can obtain basic information about customers, thereby understanding customers' consumption habits, better communicating with customers, and maintaining customer relationships. Customers can be divided into novice buyers, junior buyers, and experienced buyers based on their online shopping experience. Experienced buyers are familiar with the shopping process and can place orders on their own when customer service is not online.

普通词语 pǔtōng cíyǔ General Vocabulary 🎧 04-02

1.	维护	wéihù	v.	maintain
2.	按	àn	prep.	based on
3.	年龄	niánlíng	n.	age

专业词语 zhuānyè cíyǔ Specialized Vocabulary 🎧 04-03

1.	客户关系	kèhù guānxì	phr.	customer relationship
	关系	guānxì	n.	relationship
2.	网购	wǎnggòu	v.	shop online
3.	新手买家	xīnshǒu mǎijiā	phr.	novice buyer
4.	初级买家	chūjí mǎijiā	phr.	junior buyer
5.	老练买家	lǎoliàn mǎijiā	phr.	experienced buyer
6.	自行下单	zìxíng xiàdān	phr.	place an order on one's own
	自行	zìxíng	adv.	on one's own

B 🎧 04-04

Duì bù tóng xìnggé de kèhù, kèfú xūyào cǎiyòng bù tóng de duìhuà cèlüè. Kèhù àn
对不同性格的客户，客服需要采用不同的对话策略。客户按

xìnggé yìbān fēnwéi chénmòxíng、láodaoxíng、héqixíng、jiāo'àoxíng děng. Chénmòxíng kèhù
性格一般分为沉默型、唠叨型、和气型、骄傲型等。沉默型客户

bù zhǔdòng biǎodá xiāofèi yìyuàn, zhè shí kèfú xūyào yǒu nàixīn, cǎiqǔ yí wèn yì dá de
不主动表达消费意愿，这时客服需要有耐心，采取一问一答的

fāngshì, yǐndǎo kèhù tíchū xūqiú.
方式，引导客户提出需求。

译文 yìwén Text in English

For customers with different personalities, customer service staff need to adopt different dialogue strategies. Customers are generally divided into silent type, nagging type, amiable type, proud type, etc. based on their personalities. Silent customers do not actively express their consumption willingness. In this case, customer service needs to be patient and take a question-and-answer approach to guide customers to put forward their needs.

普通词语 pǔtōng cíyǔ General Vocabulary 🎧 04-05

1.	不同	bù tóng	phr.	different
2.	采用	cǎiyòng	v.	adopt
3.	采取	cǎiqǔ	v.	take
4.	一问一答	yí wèn yì dá	phr.	question-and-answer

专业词语 zhuānyè cíyǔ Specialized Vocabulary 🎧 04-06

1.	沉默型	chénmòxíng	phr.	silent type
2.	唠叨型	láodaoxíng	phr.	nagging type
3.	和气型	héqixíng	phr.	amiable type
4.	骄傲型	jiāo'àoxíng	phr.	proud type
5.	消费意愿	xiāofèi yìyuàn	phr.	consumption willingness
	消费	xiāofèi	v.	consume
	意愿	yìyuàn	n.	willingness

三、视听说 shì-tīng-shuō Viewing, Listening and Speaking

看视频，了解电子商务客户分析的途径，并说说客户分析的途径有哪些。**Watch the video to learn about the approaches to customer analysis in e-commerce, and talk about the approaches to customer analysis.**

kèhù fēnxī de tújìng
客户分析的途径
Approaches to Customer Analysis

❶ _____

❷ _____

❸ _____

❹ _____

说一说　**Let's talk**

说说电子商务中客户分析的意义。**Talk about the significance of customer analysis in e-commerce.**

四、学以致用　xuéyǐzhìyòng　Practicing What You Have Learnt

看视频，对客户咨询的问题进行分析，并将其归入所属事件。**Watch the video to analyze customer's inquiries and classify them into the events they fall under.**

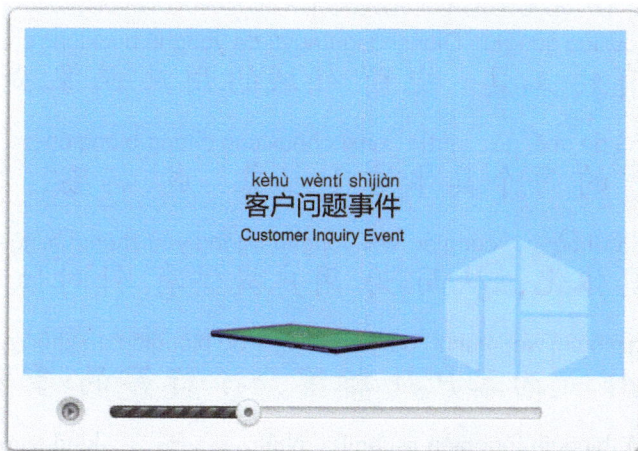

kèhù　wèntí shìjiàn
客户问题事件
Customer Inquiry Event

miǎoshā huódòng
A. 秒杀 活动

flash sale activities

kèhù　xìnrèn shìjiàn
B. 客户信任事件

customer trust events

wǎnghóng chǎnpǐn shìjiàn
C. 网红　产品事件

trendy product events

kèhù xuǎngòu shìjiàn
D. 客户选购 事件

customer selective purchase events

Zhè kuǎn chǎnpǐn zuìjìn hěn huǒ, wǒ xiǎng mǎi.
❶ 这 款 产品 最近 很 火，我 想 买。

This product has been very popular recently and I want to buy it.

Zhè kuǎn chǎnpǐn shénme shíhou yǒu huódòng? Wǒ děngle hǎojiǔ le.
❷ 这 款 产品 什么 时候 有 活动？我 等了 好久 了。

When will this product be on sale? I have been waiting for a long time.

Zhè kuǎn　xǐyījī　kàopǔr ma? Wǒ zěnme tīngshuō hěn duō rén yòngde bù hǎo ne?
❸ 这 款 洗衣机 靠谱儿吗？我 怎么 听说 很 多 人 用得 不 好 呢？

Is this washing machine reliable? Why do I hear a lot of people don't use it well?

Zhè kuǎn chǎnpǐn néng dān jiàn chūshòu ma? Wǒ zhǐ xiǎng mǎi shàngyī, bù xiǎng mǎi tàozhuāng.
❹ 这款 产品 能 单件 出售 吗？我 只 想 买 上衣，不 想 买 套装。

Can this product be sold individually? I just want to buy a coat, not a suit.

❶ ＿＿＿＿＿　　❷ ＿＿＿＿＿　　❸ ＿＿＿＿＿　　❹ ＿＿＿＿＿

五、小知识　xiǎo zhīshi　Tips

Yònghù huàxiàng
用户画像

Yònghù huàxiàng yòu chēng yònghù juésè, shì yì zhǒng gōuhuà mùbiāo yònghù, liánxì yònghù
用户画像又称用户角色，是一种勾画目标用户、联系用户

sùqiú yǔ shèjì fāngxiàng de yǒuxiào gōngjù. Diànshāng lǐngyù de yònghù huàxiàng shì zài dàshùjù
诉求与设计方向的有效工具。电商领域的用户画像是在大数据

shídài bèijǐng xià, jiāng yònghù de měi gè jùtǐ xìnxī chōuxiàng chéng biāoqiān, lìyòng zhèxiē
时代背景下，将用户的每个具体信息抽象成标签，利用这些

biāoqiān jiāng yònghù xíngxiàng jùtǐhuà, cóng'ér wèi yònghù tígōng yǒu zhēnduìxìng de fúwù.
标签将用户形象具体化，从而为用户提供有针对性的服务。

Yònghù huàxiàng de héxīn gōngzuò shì wèi kèhù dǎ biāoqiān, dǎ biāoqiān de zhòngyào mùdì zhīyī
用户画像的核心工作是为客户打标签，打标签的重要目的之一

shì wèile ràng rén nénggòu lǐjiě bìngqiě fāngbiàn jìsuànjī chǔlǐ. Rú, kěyǐ zuò fēnlèi tǒngjì:
是为了让人能够理解并且方便计算机处理。如，可以做分类统计：

Xǐhuan hóngjiǔ de yònghù yǒu duōshao? Xǐhuan hóngjiǔ de rénqún zhōng, nán nǚ bǐlì shì duōshao?
喜欢红酒的用户有多少？喜欢红酒的人群中，男女比例是多少？

User Profile

User profile, also known as user role, is an effective tool for delineating target users and connecting user needs with design directions. User profile in the e-commerce field is to abstract each specific information of users into tags in the context of the big data era, and use these tags to concretize user images, thereby providing targeted service for users. The core job of user profile is to label customers, and one of the important purposes of labeling is to enable people to understand and facilitate computer processing. For example, classification statistics can be conducted: How many users like red wine? What is the gender ratio among people who like red wine?

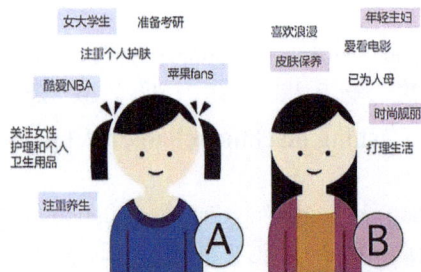

补充专业词语 bǔchōng zhuānyè cíyǔ Supplementary Specialized Vocabulary 🎧 04-07

1.	理智型买家	lǐzhìxíng mǎijiā	phr.	rational buyer
2.	贪婪型买家	tānlánxíng mǎijiā	phr.	greedy buyer
3.	VIP 型买家	VIP xíng mǎijiā	phr.	VIP buyer
4.	谨小慎微型买家	jǐnxiǎo-shènwēi xíng mǎijiā	phr.	cautious buyer
5.	行为事件分析	xíngwéi shìjiàn fēnxī	phr.	behavioral event analysis
6.	点击分析模型	diǎnjī fēnxī móxíng	phr.	click analysis model
7.	用户行为路径分析	yònghù xíngwéi lùjìng fēnxī	phr.	user behavior path analysis
8.	用户画像分析	yònghù huàxiàng fēnxī	phr.	user profile analysis
9.	网红产品事件	wǎnghóng chǎnpǐn shìjiàn	phr.	trendy product event
10.	秒杀活动	miǎoshā huódòng	phr.	flash sale activity
11.	客户信任事件	kèhù xìnrèn shìjiàn	phr.	customer trust event
12.	客户选购事件	kèhù xuǎngòu shìjiàn	phr.	customer selective purchase event

第二部分 Part 2

汉字 Chinese Characters

一、汉字知识 Hànzì zhīshi Knowledge about Chinese Characters

汉字的偏旁（4） Radicals of Chinese characters (4)

偏旁 Radicals	例字 Examples	部件组合 Combinations	结构图示 Illustrations
阝（左）	阿	阝 + 可	
	院	阝 + 完	
	陪	阝 + 音	
宀	宿	宀 + 佰	
	家	宀 + 豕	
	安	宀 + 女	
	室	宀 + 至	
	客	宀 + 各	
	字	宀 + 子	
	定	宀 + 疋	

（续表）

偏旁 Radicals	例字 Examples	部件组合 Combinations	结构图示 Illustrations
又	对 难 欢 友	又＋寸 又＋隹 又＋欠 𠂇＋又	
月	朋 服 脑 期	月＋月 月＋艮 月＋窗 其＋月	
钅	银 错 钱 钟	钅＋艮 钅＋昔 钅＋戋 钅＋中	
王	玩 现 球 班	王＋元 王＋见 王＋求 王＋丿＋王	

二、汉字认读与书写 Hànzì rèndú yǔ shūxiě **The Recognition and Writing of Chinese Characters**

认读下列词语，并试着读写构成词语的汉字。**Recognize the following words, and try to read and write the Chinese characters forming these words.**

维护　　新手买家　　对话策略　　意愿

维				护				新				手			
买				家				对				话			
策				略				意				愿			

第三部分 Part 3

日常用语 *Daily Expressions*

❶ 尽可能快！ Jǐn kěnéng kuài! As soon as possible!

❷ 信不信由你！ Xìn bu xìn yóu nǐ! Believe it or not!

❸ 下次会更好！ Xià cì huì gèng hǎo! Better luck next time!

第四部分 Part 4

单元实训 *Unit Practical Training*

客户分析应用实训 kèhù fēnxī yìngyòng shíxùn
Practical Training on Customer Analysis Application

实训目的 Training purpose
进行客户分析，了解本国人民对某类消费产品的需求。

To conduct customer analysis, understand the demand of the people in your country for a certain type of consumer product

实训组织 Training organization
每组四人，分工合作。

Four students work in each group, cooperating with a due division of labor.

实训步骤 Training steps
❶ 了解本国某类消费产品排名，找出热销产品。

Learn about the ranking of a certain type of consumer product in your country and find out the best-selling items.

❷ 分析本国人民的消费需求，了解需求高的热销产品。

Analyze the consumer demand of the people in your country and learn about the hot-selling items with high demand.

❸ 设计一份包含五个问题的问卷，要求如下：

Design a questionnaire containing five questions, with the following requirements:

（1）体现客户分析的方法。

Reflect the methods of customer analysis.

（2）体现客户分析的结果。

Reflect the results of customer analysis.

❹ 对回收问卷进行解读。

Interpret the questionnaires collected.

❺ 各组总结汇报，教师对各组的实施情况进行点评。

Each group summarizes and reports, and the teacher comments on the performance of each group.

第五部分　Part 5

单元小结　*Unit Summary*

cíyǔ
词语
Vocabulary

普通词语　General Vocabulary

1.	维护	wéihù	v.	maintain
2.	按	àn	prep.	based on
3.	年龄	niánlíng	n.	age
4.	不同	bù tóng	phr.	different
5.	采用	cǎiyòng	v.	adopt
6.	采取	cǎiqǔ	v.	take
7.	一问一答	yí wèn yì dá	phr.	question-and-answer

专业词语　Specialized Vocabulary

1.	客户关系	kèhù guānxì	phr.	customer relationship
	关系	guānxì	n.	relationship
2.	网购	wǎnggòu	v.	shop online
3.	新手买家	xīnshǒu mǎijiā	phr.	novice buyer
4.	初级买家	chūjí mǎijiā	phr.	junior buyer
5.	老练买家	lǎoliàn mǎijiā	phr.	experienced buyer
6.	自行下单	zìxíng xiàdān	phr.	place an order on one's own
	自行	zìxíng	adv.	on one's own
7.	沉默型	chénmòxíng	phr.	silent type
8.	唠叨型	láodaoxíng	phr.	nagging type
9.	和气型	héqixíng	phr.	amiable type
10.	骄傲型	jiāo'àoxíng	phr.	proud type
11.	消费意愿	xiāofèi yìyuàn	phr.	consumption willingness
	消费	xiāofèi	v.	consume
	意愿	yìyuàn	n.	willingness

补充专业词语　Supplementary Specialized Vocabulary

1.	理智型买家	lǐzhìxíng mǎijiā	phr.	rational buyer
2.	贪婪型买家	tānlánxíng mǎijiā	phr.	greedy buyer
3.	VIP 型买家	VIP xíng mǎijiā	phr.	VIP buyer
4.	谨小慎微型买家	jǐnxiǎo-shènwēi xíng mǎijiā	phr.	cautious buyer
5.	行为事件分析	xíngwéi shìjiàn fēnxī	phr.	behavioral event analysis
6.	点击分析模型	diǎnjī fēnxī móxíng	phr.	click analysis model

7.	用户行为 路径分析	yònghù xíngwéi lùjìng fēnxī	phr.	user behavior path analysis
8.	用户画像 分析	yònghù huàxiàng fēnxī	phr.	user profile analysis
9.	网红产品 事件	wǎnghóng chǎnpǐn shìjiàn	phr.	trendy product event
10.	秒杀活动	miǎoshā huódòng	phr.	flash sale activity
11.	客户信任 事件	kèhù xìnrèn shìjiàn	phr.	customer trust event
12.	客户选购 事件	kèhù xuǎngòu shìjiàn	phr.	customer selective purchase event

jùzi
句子
Sentences

1. 理智型买家原则性强，购物速度快。
2. 谨小慎微型买家会很谨慎，挑选商品的时候很慢。
3. 贪婪型买家喜欢讲价，很挑剔，稍不满意就要求退货、赔偿。
4. VIP 型买家通常很自信，认为自己很重要，自己的看法全部正确。
5. 老练买家熟悉购物流程，客服不在线时可以自行下单。
6. 沉默型客户不主动表达消费意愿。
7. 这款产品最近很火，我想买。
8. 这款产品什么时候有活动？我等了好久了。
9. 这款洗衣机靠谱儿吗？我怎么听说很多人用得不好呢？
10. 这款产品能单件出售吗？我只想买上衣，不想买套装。

Jiàgé xúnwèn
价格询问
Price Inquiry

xíguànxìng yìjià
习惯性议价
Habitual Bargaining

gùkè yìjià lèixíng
顾客议价类型
Types of Customer Bargaining

yùsuànxíng yìjià
预算型议价
Bargaining Based on Budget

bǐjiàoxíng yìjià
比较型议价
Bargaining by Compairing Prices

题解　Introduction

1. 学习内容：客服回复价格询问的典型工作用语，以及应对讨价还价的原则。

   Learning content: The typical work expressions used by customer service to respond to price inquiries, and principles for dealing with bargaining

2. 知识目标：掌握与价格询问相关的关键词和短语，了解汉字的偏旁 "巾" "广" "小" "忄" "八" "刂"，学写相关汉字。

   Knowledge objectives: To master the keywords and phrases related to price inquiries, understand the radicals of Chinese characters such as "巾"，"广"，"小"，"忄"，"八"，"刂"，and learn to write the related Chinese characters

3. 技能目标：学会应对顾客讨价还价的话术。

   Skill objective: To learn the verbal skills for dealing with customers' bargaining

第一部分　Part 1

课文　*Texts*

一、热身　rèshēn　Warm-up

1. 给词语选择对应的图片。**Choose the corresponding picture for each word.**

A.

B.

C.

D.

piányi
❶ 便宜_____
cheap

míngmǎ biāojià
❷ 明码标价_____
clearly marked price

jiàngjià
❸ 降价_____
price reduction

tǎojià-huánjià
❹ 讨价还价_____
bargaining

2. 看视频，了解顾客议价的原因，并将顾客的询问与议价的类型进行匹配。**Watch the video to learn about why customers bargain and match their inquiries with the types of bargaining.**

gùkè yìjià lèixíng
顾客议价类型
Types of Customer Bargaining

xíguànxìng yìjià
A. 习惯性议价
habitual bargaining

bǐjiàoxíng yìjià
B. 比较型议价
bargaining by comparing prices

yùsuànxíng yìjià
C. 预算型议价
bargaining based on budget

yíwènshì yìjià
D. 疑问式议价
interrogative bargaining

Qīn, yǒu yōuhuì ma? Yǒu zèngpǐn ma?
❶ 亲，有 优惠 吗？有 赠品 吗？
Dear, do you have any discounts? Do you have any gifts?

Zhège bāo wǒ tǐng xǐhuan de, zhǐshì zhège yuè xìnyòngkǎ édù bù duō le.
❷ 这个 包 我 挺 喜欢 的，只是 这个 月 信用卡 额度 不多 了。
I like this bag very much, but I have almost reached my credit limit this month.

Zhè kuǎn xǐyījī wèi shénme zhème guì ya? Shì yīnwèi duōle réngōng zhìnéng gōngnéng ma?
❸ 这 款 洗衣机 为 什么 这么 贵 呀？是 因为 多了 人工 智能 功能 吗？
Why is this washing machine so expensive? Is it because of its additional AI function?

Qítā jiā cái mài 99 yuán, nǐmen jiā zěnme mài 199 yuán a? Guì tài duō le ba?
❹ 其他家 才 卖 99 元，你们 家 怎么 卖 199 元 啊？贵 太 多 了 吧？
You sell it at 199 *yuan*, while others charge only 99 *yuan*. It's too expensive, isn't it?

❶＿＿＿＿ ❷＿＿＿＿ ❸＿＿＿＿ ❹＿＿＿＿

二、课文　kèwén　Texts

A 🎧 05-01

Suīrán diànpù de shāngpǐn dōu shì míngmǎ biāojià,　dàn háishi huì yǒu gùkè tǎojià-huánjià.
虽然店铺的 商品 都是明码标价，但还是会有顾客讨价还价。

Gùkè zhǔdòng yìjià shuōmíng yǒu gòumǎi yìxiàng,　kèfú yào fēnxī gùkè de yìjià xīnlǐ,
顾客主动 议价 说明 有 购买意向，客服要分析顾客的议价心理，

cǎiqǔ jījí de yìngduì cèlüè.　Kèfú yào tōngguò bù tóng de yìngduì huàshù,　tígāo mǎijiā duì
采取积极的应对策略。客服要 通过 不同 的应对 话术，提高买家对

shāngpǐn de rènkědù,　cóng'ér cùchéng jiāoyì.
商品 的认可度，从而 促成 交易。

译文 yìwén Text in English

Although all the products in the store are clearly priced, there are still customers bargaining. The customers' proactive bargaining indicates their intention to purchase, and customer service should analyze customers' bargaining psychology and adopt proactive coping strategies. Customer service should use different verbal skills to improve buyers' recognition of the product and help to bring about transactions.

普通词语 pǔtōng cíyǔ General Vocabulary　🎧 05-02

1.	虽然	suīrán	conj.	although
2.	但	dàn	conj.	but
3.	还是	háishi	adv.	still
4.	会	huì	aux.	be likely to
5.	说明	shuōmíng	v.	indicate
6.	提高	tígāo	v.	improve

专业词语 zhuānyè cíyǔ Specialized Vocabulary　🎧 05-03

1.	明码标价	míngmǎ biāojià	phr.	(of goods) clearly priced

2.	讨价还价	tǎojià-huánjià	phr.	bargain
3.	应对	yìngduì	v.	deal with
4.	认可度	rènkědù	n.	recognition

B 🎧 05-04

Gùkè tǎojià-huánjià shí, kèfú yào jiānchí yuánzé, bù néng suíyì jiàngjià. Suíyì jiàngjià
顾客讨价还价时，客服要坚持原则，不能随意降价。随意降价

huì pòhuài gùkè zhījiān de gōngpíngxìng, zàochéng bùfen gùkè de bùmǎn, hái huì sǔnhài pǐnpái
会破坏顾客之间的公平性，造成部分顾客的不满，还会损害品牌

xíngxiàng. Rúguǒ shāngpǐn kěyǐ jiàngjià, yídìng yào shèzhì tiáojiàn, bù néng wútiáojiàn de
形象。如果商品可以降价，一定要设置条件，不能无条件地

gǎibiàn shāngpǐn jiàgé.
改变商品价格。

译文 yìwén Text in English

Customer service staff should adhere to principles and not reduce the price at will when customers bargain, because it will lead to inequality among customers, resulting in some customers' dissatisfaction and damaging the brand image. If the product can be reduced in price, certain conditions must be set. The product price cannot be unconditionally changed.

普通词语 pǔtōng cíyǔ General Vocabulary 🎧 05-05

1.	坚持	jiānchí	v.	adhere to
2.	不能	bù néng	phr.	cannot
3.	随意	suíyì	adj.	random, at will
4.	破坏	pòhuài	v.	destroy
5.	之间	zhījiān	n.	between, among
6.	部分	bùfen	n.	part
7.	不满	bùmǎn	adj.	dissatisfied
8.	损害	sǔnhài	v.	damage

| 9. | 如果 | rúguǒ | conj. | if |
| 10. | 无条件 | wútiáojiàn | v. | be unconditional |

专业词语 zhuānyè cíyǔ Specialized Vocabulary 🎧05-06

1.	原则	yuánzé	n.	principle
2.	降价	jiàng//jià	v.	reduce the price
3.	公平性	gōngpíngxìng	n.	equality
4.	品牌形象	pǐnpái xíngxiàng	phr.	brand image
	形象	xíngxiàng	n.	image

三、视听说 shì-tīng-shuō Viewing, Listening and Speaking

看视频，了解客服应对比价顾客的方式。判断下列对话中客服是从哪个角度回复的，并说说客服可以从哪些方面入手说服比价的顾客。**Watch the video to learn about the customer service staff's response to customers comparing prices. Determine from which perspective the customer service staff responded in the following conversations, and explain in what ways the customer service staff can persuade customers comparing prices.**

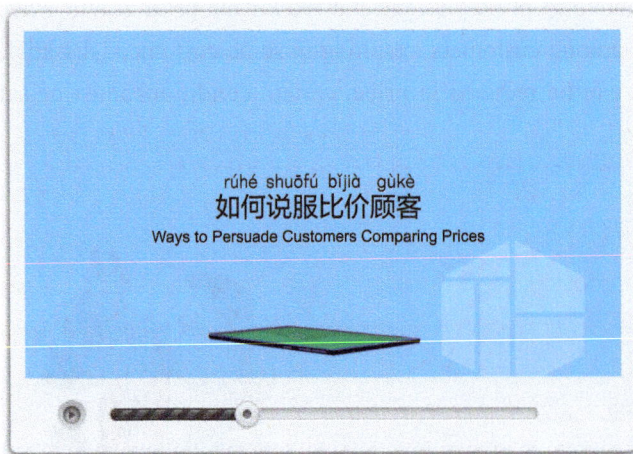

rúhé shuōfú bǐjià gùkè
如何说服比价顾客
Ways to Persuade Customers Comparing Prices

chǎnpǐn zhēnwěi
A.产品真伪
product authenticity

chǎnpǐn cáizhì
B.产品材质
product material

shòuhòu píngjià
C.售后评价
after-sales evaluation

gùkè： Nǐ kàn， biéjiā de yīng'ér fǔshíjī gèng piányi， nǐ jiā zěnme zhème guì？
顾客：你看，别家的 婴儿辅食机更 便宜，你家 怎么 这么 贵？
Customer: Look! Baby food machines in other stores are cheaper. Why are they so expensive in your store?

❶ kèfú： Qīn， tā jiā chǎnpǐn shì bǐ wǒ jiā piányi， dàn wǒmen pǐnzhì bù yíyàng。 Wǒmen cǎiyòng de shì
客服：亲，他家 产品 是比我家便宜，但 我们 品质不一样。我们 采用 的是
shípǐnjí de ānquán cáiliào， nài gāowēn， gěi bǎobao yòng qilai gèng fàngxīn ne！
食品级的 安全 材料，耐 高温，给 宝宝 用 起来更 放心 呢！
Customer service: Dear, it's true that their products are cheaper, but our product is different in quality. Ours is made of food-grade safe material which is high temperature resistant and safer for babies.

❷ kèfú： Qīn， nín zhīdào xiànzài jiǎ huò hěn duō ba？ Mǔyīng chǎnpǐn jiàgé hěn tòumíng le， chéngběn
客服：亲，您知道 现在 假货 很 多 吧？ 母婴 产品 价格 很 透明 了，成本
dōu chàbuduō， wèi shénme tā jiā zhème piányi ne？ Nín zǐxì kǎolǜ yíxiàr， wǒ xiāngxìn nín bú huì
都 差不多，为 什么 他家 这么 便宜呢？您仔细考虑 一下儿，我 相信 您 不会
wèile qián xīshēng bǎobao jiànkāng de， duì ba？
为了钱 牺牲 宝宝 健康 的，对吧？
Customer service: Dear, as you know, there are many counterfeit products now. The prices of the products for mothers and babies are transparent. With similar cost, why are their products so cheap? Think about it. I'm sure you will not save money at the sacrifice of your baby's health, right?

❸ kèfú Qīn， yì fēn jiàqián yì fēn huò， nín kěyǐ kànkan biéjiā de chàpíng， kàn yíxiàr shì bu shì shǐyòng
客服：亲，一分 价钱一分 货，您可以看看 别家的 差评，看一下儿是不是 使用
shíjiān hěn duǎn jiù huì sǔnhuài， nín jiù zhīdào jiàgé wèi shénme bǐ wǒmen piányi le．
时间 很 短 就会 损坏，您就知道价格为 什么比 我们 便宜了。
Customer service: Dear, you get what you pay for. You can take a look at the negative reviews of other stores to see if their products will be damaged after using for a short period of time, and you will know why their products are cheaper in price than ours.

❶ _____ ❷ _____ ❸ _____

说一说 **Let's talk**

说说当顾客询问为什么其他店铺的产品价格更便宜时，客服应该如何应对。**Talk about how the customer service staff should respond when the customer asks why the product price in other stores is lower.**

四、学以致用　xuéyǐzhìyòng　Practicing What You Have Learnt

看视频，了解不同顾客议价的出发点，为下列顾客的咨询选择正确的回复。**Watch the video to learn about different customers' bargaining intentions and choose the correct responses for the following customers' inquiries.**

miànduì yìjià　gùkè de gōngzuò jìqiǎo
面对议价顾客的 工作 技巧
Job Skills of Handling Customers' Bargaining

● 促成交易 —— 了解客户心理

算计 1
希望优惠，占便宜

自拥 5
爱听顺言、称赞

攀比 2
期待被重视、尊重

好奇 4
想了解更多情况

恐惧 3
不安全感，担心吃亏

gùkè:　Wǒ dì-yī cì lái nǐ jiā gòuwù,　gěi wǒ yōuhuì diǎnr bei,　xià cì wǒ huì mǎi gèng duō.
❶ 顾客：我第一次来你家 购物，给我 优惠点儿呗，下次我会买 更 多。（　　　）
Customer: This is my first time to buy your product. Please give me a discount and I will buy more next time.

kèfú:　Qīn, fēicháng gǎnxiè nín de guānglín, yǐjīng shì zuì dī jià le ne. Tóngděng chǎnpǐn méiyǒu bǐ
A. 客服：亲，非常 感谢 您的 光临，已经 是 最低价了呢。 同等 产品 没有 比
wǒmen gèng yōuhuì de le,　bùrán yě bú huì yǒu nàme duō de huítóukè,　nín fàngxīn xiàdān ba.
我们 更 优惠的了，不然也不会有 那么多的 回头客，您 放心 下单 吧。
Customer service: Dear, thanks for your visit. The price is already the lowest. There are hardly any cheaper ones of the same product; otherwise we won't have so many regular customers. Please rest assured to place an order.

kèfú:　Qīn, bùguǎn dì jǐ cì lái dōu shì zhège jiàgé,　bùguǎn nǐ mǎi duōshao yě shì zhège jiàgé,　bù

B. 客服：亲，不管 第几次来都 是 这个价格，不管你买 多少 也是 这个价格，不

huánjià.

还价。

Customer service: Dear, no matter how many times you visit here and how many products you buy, the price is the same. No bargaining.

gùkè:　Nǐ jiā dōngxi dàoshì bú cuò,　jiùshì jiàgé tài gāo le!

❷ 顾客：你家 东西 倒是 不 错，就是价格太 高了!　　　　　　　　　　( )

Customer: Your product is good. It's just that the price is too high.

kèfú:　Qīn, wǒ jiā de chǎnpǐn zhìliàng hǎo,　jiàgé gāo, nǐ yàoshi juéde guì,　kěyǐ qù biéjiā diànpù

A. 客服：亲，我家的 产品 质量 好，价格高，你要是 觉得贵，可以去别家 店铺

duìbǐ yíxiàr.

对比一下儿。

Customer service: Dear, our product is of high quality and price. If you feel it's too expensive, you can go to other stores to make a comparison.

kèfú:　Qīn,　wǒmen jiā jiàgé quèshí bǐjiào gāo,　dàn chǎnpǐn xiàoguǒ nà shì méishuōde, nín kànkan

B. 客服：亲， 我们 家价格确实比较高， 但 产品 效果那 是 没说的，您 看看

píngjià.　Érqiě nín suànsuan,　yě jiù yì tiān yì bēi nǎichá de qián,　jiù kěyǐ ràng nín gèng niánqīng měilì.

评价。而且您 算算，也就 一 天一 杯奶茶的 钱，就 可以让 您 更 年轻 美丽。

Customer service: Dear, our price is high, but it has amazing product effect, as you can see in the reviews. And if you do the math, you just need to spend as much as a cup of milk tea a day and you can become younger and more beautiful.

gùkè:　Dǎ gè 5 zhé, wǒ xiànzài jiù fùkuǎn,　bùrán wǒ jiù bù mǎi le.

❸ 顾客：打个5折，我 现在 就 付款，不然 我就 不买 了。　　　　　　( )

Customer: I will pay right now if you give me 50% discount. Otherwise I will not buy.

kèfú:　Qīn, tóngyàng de rǔjiāozhěn rúguǒ nín zài biéjiā néng yòng 5 zhé de jiàgé mǎidào, guòlai

A. 客服：亲，同样 的乳胶枕 如果您在别家 能 用 5折的价格买到，过来

zhǎo wǒ,　wǒ sòng nín 10 gè. Wǒmen jiā xiànzài yǒu huódòng, mǎi liǎng gè dǎ 8 zhé,　nín kěyǐ gěi

找 我，我 送 您10个。我们 家 现在 有 活动， 买 两 个打8折，您可以给

jiārén yě dài yí gè.

家人也 带 一个。

Customer service: Dear, if you can buy the same latex pillow in other stores at 50% off, I will give you ten pillows. They are on special offer now in our store, so you can enjoy a 20% discount if you buy two, and you can send one to your family as a gift.

kèfú:　Qīn, zěnme kěnéng 5 zhé mǎidào zhè zhǒng zhìliàng de rǔjiāozhěn? Nín kāi wánxiào ne,

B. 客服：亲，怎么 可能 5折 买到 这 种 质量 的乳胶枕? 您开 玩笑 呢，

nà nín bié mǎi le ba.

那您 别 买了吧。

Customer service: Dear, how can you get a latex pillow like this at 50% off? Are you kidding? Then, you'd better not buy it.

五、小知识　xiǎo zhīshi　Tips

大数据定价

Dàshùjù dìngjià

Réngōng zhìnéng（AI）jìshù kěyǐ duì yònghù de xíngwéi xíguàn、shēntǐ zhuàngkuàng、
人工 智能（AI）技术可以对用户的行为习惯、身体 状况、

àihào、xìnyòng qíngkuàng děng dàshùjù jìnxíng quánmiàn fēnxī, wèi bǎoxiǎn、jīnróng、jiǔdiàn
爱好、信用 情况 等大数据进行 全面分析，为保险、金融、酒店

děng chuántǒng hángyè dàiláile "dì'èrchūn". Yóucǐ, hěn duō qǐyè nénggòu bìngqì chuántǒng
等 传统 行业带来了 "第二春"。由此，很多企业能够 摒弃 传统

de dījià jìngzhēng, gēnjù shìchǎng huánjìng hé yǐyǒu de dàshùjù lái yùcè gùkè xūqiú, yōuhuà
的低价竞争，根据市场 环境和已有的大数据来预测顾客需求，优化

dìngjià móshì, yòng dòngtài dìngjià de fāngshì tígōng gèxìnghuà de fúwù.
定价模式，用 动态定价的方式提供个性化的服务。

Big Data Pricing

Artificial intelligence (AI) technology can comprehensively analyze big data, such as users' behavior habits, physical conditions, hobbies, and credit status, thus bringing a "second spring" for traditional industries such as insurance, finance, and hotels. As a result, many enterprises can abandon traditional low-price competition, predict customers' needs based on market environment and the existing big data, optimize pricing models, and provide personalized service through dynamic pricing.

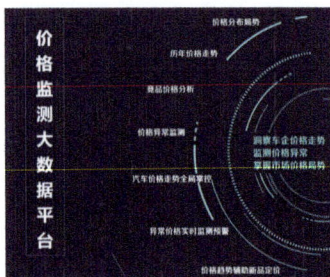

补充专业词语 bǔchōng zhuānyè cíyǔ Supplementary Specialized Vocabulary				🎧 05-07
1.	预算	yùsuàn	n.	budget
2.	赠品	zèngpǐn	n.	complimentary gift, freebie
3.	信用卡额度	xìnyòngkǎ édù	phr.	credit limit
4.	人工智能	réngōng zhìnéng	phr.	AI (artificial intelligence)
5.	售后评价	shòuhòu píngjià	phr.	after-sales evaluation
6.	食品级	shípǐnjí	n.	food grade
7.	假货	jiǎ huò	phr.	counterfeit product

| 8. | 差评 | chàpíng | n. | negative review |
| 9. | 大数据 | dàshùjù | n. | big data |

第二部分　Part 2

汉字　*Chinese Characters*

一、汉字知识　Hànzì zhīshi　Knowledge about Chinese Characters

汉字的偏旁（5）　**Radicals of Chinese characters (5)**

偏旁 Radicals	例字 Examples	部件组合 Combinations	结构图示 Illustrations
巾	帽 帮 带	巾＋冒 邦＋巾 卅＋冖＋巾	
广	店 床 麻 应	广＋占 广＋木 广＋林 广＋业	
小	少 尘 尖	小＋丿 小＋土 小＋大	
业	光 当 尝	业＋兀 业＋彐 业＋冖＋云	
八	分 公 共 兴 典	八＋刀 八＋厶 丑＋八 㳚＋八 曲＋八	
刂	到 刻 别 制	至＋刂 亥＋刂 另＋刂 𠂇＋刂	

二、汉字认读与书写　Hànzì rèndú yǔ shūxiě　The Recognition and Writing of Chinese Characters

认读下列词语，并试着读写构成词语的汉字。**Recognize the following words, and try to read and write the Chinese characters forming these words.**

认可度　　明码标价　　原则　　公平性

认			可			度			明	
码			标			价			原	
则			公			平			性	

第三部分　Part 3

日常用语 *Daily Expressions*

① 别太拘束！　Bié tài jūshù! Don't stand on ceremony!

② 帮我一个忙！　Bāng wǒ yí gè máng! Give me a hand!

③ 午餐我请你。Wǔcān wǒ qǐng nǐ. I'll treat you to lunch.

第四部分　Part 4

单元实训 *Unit Practical Training*

顾客议价应对话术实训　gùkè yìjià yìngduì huàshù shíxùn
Practical Training on Verbal Skills for Customers' Bargaining

实训目的 Training purpose

了解不同类型顾客的议价心理，学习应对顾客讨价还价的策略，掌握回复的话术。

To learn about the bargaining psychology of different types of customers, learn the strategies to deal with customers' bargaining and master the verbal skills for response

实训组织 Training organization

每组四人，分工合作。

Four students work in each group, cooperating with a due division of labor.

实训步骤 Training steps

每组准备一个智能手机，手机上安装好电商平台 APP，有上网条件。

Each group prepares a smartphone, which is equipped with an e-commerce platform APP and has the access to the Internet.

① 每个组员在购物网站上选择一款自己感兴趣的产品，根据不同的议价类型与客服在线议价，并对客服的应对话术进行总结。

Each team member chooses a product that he/she is interested in on the shopping website, bargaining with the customer service staff online based on different types of bargaining and summing up customer service staff's verbal skills.

❷ 每个组员作为自己所选产品的客服，根据顾客的议价心理，按照不同顾客的议价类型组织自己的应对话术。

Each team member, as the customer service for his/her selected product, organizes his/her own verbal skills based on the bargaining psychology of customers and the bargaining types of different customers.

❸ 每个组员轮流扮演客服，其他三个组员作为顾客询问产品的价格，并与扮演客服的组员讨价还价。客服根据顾客的议价方式进行回复。

Each team member takes turns to role-play the customer service, and the other three role-play the customers to inquire about the product price and bargain with the team member who role-plays the customer service. The customer service replies based on the customer's bargaining method.

❹ 教师对各组的实施情况进行点评。

The teacher comments on the performance of each group.

第五部分　Part 5
单元小结　*Unit Summary*

cíyǔ
词语
Vocabulary

普通词语　General Vocabulary

1.	虽然	suīrán	conj.	although
2.	但	dàn	conj.	but
3.	还是	háishi	adv.	still
4.	会	huì	aux.	be likely to
5.	说明	shuōmíng	v.	indicate
6.	提高	tígāo	v.	improve
7.	坚持	jiānchí	v.	adhere to
8.	不能	bù néng	phr.	cannot
9.	随意	suíyì	adj.	random, at will
10.	破坏	pòhuài	v.	destroy
11.	之间	zhījiān	n.	between, among
12.	部分	bùfen	n.	part
13.	不满	bùmǎn	adj.	dissatisfied
14.	损害	sǔnhài	v.	damage
15.	如果	rúguǒ	conj.	if
16.	无条件	wútiáojiàn	v.	be unconditional

cíyǔ
词语
Vocabulary

专业词语　Specialized Vocabulary

1.	明码标价	míngmǎ biāojià	phr.	(of goods) clearly priced
2.	讨价还价	tǎojià-huánjià	phr.	bargain
3.	应对	yìngduì	v.	deal with
4.	认可度	rènkědù	n.	recognition
5.	原则	yuánzé	n.	principle
6.	降价	jiàng//jià	v.	reduce the price
7.	公平性	gōngpíngxìng	n.	equality
8.	品牌形象	pǐnpái xíngxiàng	phr.	brand image
	形象	xíngxiàng	n.	image

补充专业词语　Supplementary Specialized Vocabulary

1.	预算	yùsuàn	n.	budget
2.	赠品	zèngpǐn	n.	complimentary gift, freebie
3.	信用卡额度	xìnyòngkǎ édù	phr.	credit limit
4.	人工智能	réngōng zhìnéng	phr.	AI (artificial intelligence)
5.	售后评价	shòuhòu píngjià	phr.	after-sales evaluation
6.	食品级	shípǐnjí	n.	food grade
7.	假货	jiǎ huò	phr.	counterfeit product
8.	差评	chàpíng	n.	negative review
9.	大数据	dàshùjù	n.	big data

jùzi
句子
Sentences

1. 顾客主动议价说明有购买意向，客服要分析顾客的议价心理，采取积极的应对策略。
2. 随意降价会破坏顾客之间的公平性，造成部分顾客的不满，还会损害品牌形象。
3. 亲，他家产品是比我家便宜，但我们品质不一样。
4. 我们采用的是食品级的安全材料。
5. 同等产品没有比我们更优惠的了。
6. 我们家现在有活动，买两个打 8 折，您可以给家人也带一个。

chǎnpǐn xìngnéng
产品 性能
Product Performance

chǎnpǐn gōngnéng
产品 功能
Product Functions

chǎnpǐn zhìliàng
产品 质量
Product Quality

chǎnpǐn guīgé
产品规格
Product Specifications

chǎnpǐn yōushì
产品 优势
Product Superiority

题解　Introduction

1. 学习内容：产品性能的主要内容以及介绍产品性能的方式。

   Learning content: The main content of product performance and ways to introduce product performance

2. 知识目标：掌握与产品性能相关的关键词和短语，了解汉字的偏旁"竹""灬""礻""雨""土"，学写相关汉字。

   Knowledge objectives: To master the keywords and phrases related to product performance, understand the radicals of Chinese characters such as"竹","灬","礻","雨","土", and learn to write the related Chinese characters

3. 技能目标：学会向客户介绍产品性能。

   Skill objective: To learn to introduce product performance to customers

第一部分　Part 1

课文　Texts

一、热身　rèshēn　Warm-up

1. 给词语选择对应的图片。Choose the corresponding picture for each word.

A.

B.

C.

D.

xìngnéng
❶ 性能＿＿＿＿＿＿＿＿＿
performance

zhìliàng
❷ 质量＿＿＿＿＿＿＿＿＿
quality

yánsè
❸ 颜色＿＿＿＿＿＿＿＿＿
colour

chǐmǎ
❹ 尺码＿＿＿＿＿＿＿＿＿
size

2. 看视频，了解客服应该掌握哪些与产品性能相关的知识，将客服的回复与相关内容匹配。**Watch the video to learn about what knowledge related to product performance the customer service staff should master, and match the customer service responses with the relevant content.**

kèfú yīng zhǎngwò de chǎnpǐn xìngnéng zhīshi
客服应 掌握 的 产品 性能 知识
Product Performance Knowledge the Customer Service Staff Should Master

chǎnpǐn zhìliàng
A. 产品质量
product quality

chǎnpǐn gōngnéng
B. 产品功能
product functions

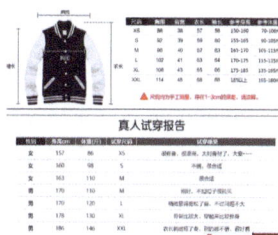
chǎnpǐn chǐmǎ
C. 产品尺码
product sizes

chǎnpǐn yōushì
D. 产品优势
product superiority

❶ Qīn, wǒmen de měi yí jiàn chǎnpǐn dōu shì jīngguò Shànghǎi Zhìliàng Jiǎncè Zhōngxīn jiǎncè de, dōu yǒu
亲，我们 的 每一 件 产品 都 是 经过 上海 质量 检测 中心 检测 的，都 有
jiǎncè bàogào, qǐng nín fàngxīn.
检测 报告，请 您 放心。
Dear, please rest assured that each of our products has been tested by Shanghai Quality Inspection Center and has the test report.

❷ Qīn, jiànyì nín chuān M mǎ, rúguǒ bù héshì, kěyǐ diàohuàn.
亲，建议 您 穿 M 码，如果 不 合适，可以 调换。
Dear, I suggest size M for you. You can change if it is unfit.

❸ Zhè kuǎn xǐyījī yǒu wǔ zhǒng xǐyī móshì, dài hōnggān gōngnéng, hái yǒu réngōng zhìnéng gōngnéng,
这 款洗衣机有 五 种 洗衣 模式，带 烘干 功能，还有 人工 智能 功能，
néng gēn nín yǔyīn jiāoliú, wèi nín tígōng gèxìnghuà fúwù.
能 跟 您 语音交流，为 您 提供 个性化 服务。
This washing machine has five laundry modes. It also has drying function and AI function, which can conduct voice communication with you and provide personalized service for you.

Zhè jiàn yīfu zuì dà de tèdiǎn shì miànliào, quán mián jiā láikǎ, tòuqì, hái bù róngyì qǐ zhòu, xiàtiān chuān
④ 这 件 衣服 最大 的 特点 是 面料， 全 棉 加莱卡， 透气， 还 不 容易 起皱， 夏天 穿

shūshì yòu hǎokàn.
舒适 又 好看。

The most remarkable feature of this garment is that its fabric is cotton and lycra, which is breathable and not easily wrinkled. It is comfortable and good-looking to wear in summer.

① _____ ② _____ ③ _____ ④ _____

二、课文 kèwén Texts

A 🎧 06-01

Chǎnpǐn xìngnéng tōngcháng shì zhǐ chǎnpǐn de gōngnéng hé zhìliàng liǎng gè fāngmiàn. Gùkè
产品 性能 通常 是指产品的 功能 和质量 两个 方面。顾客

gòumǎi shí zhǔyào kǎolù chǎnpǐn gōngnéng néngfǒu mǎnzú zìjǐ de shǐyòng xūqiú. Chǎnpǐn zhìliàng
购买时主要考虑产品 功能 能否 满足自己 的使用需求。产品 质量

juédìngle chǎnpǐn shíxiàn gōngnéng de chéngdù hé chíjiǔxìng. Kèfú yào shúxī chǎnpǐn, liǎojiě
决定了产品实现 功能 的 程度和 持久性。客服要熟悉产品，了解

bù tóng rénqún duì chǎnpǐn xìngnéng de yāoqiú yǐjí chǎnpǐn de xìngnéng yōushì.
不同 人群对产品 性能 的要求以及产品 的 性能 优势。

译文 yìwén Text in English

Product performance usually refers to product functions and quality. When customers make a purchase, they mainly consider whether the functions of a product can meet their usage needs. The quality of a product determines the degree and durability to which a product fulfills its functions. Customer service staff should be familiar with the product, understand the product performance requirements of different groups of people, and the performance advantages of the product.

普通词语 pǔtōng cíyǔ General Vocabulary 🎧 06-02

1.	指	zhǐ	v.	refer to
2.	满足	mǎnzú	v.	meet, satisfy
3.	实现	shíxiàn	v.	realize, achieve
4.	要求	yāoqiú	n.	requirement

专业词语 zhuānyè cíyǔ Specialized Vocabulary 🎧 06-03

1.	性能	xìngnéng	n.	performance
2.	程度	chéngdù	n.	degree
3.	持久性	chíjiǔxìng	n.	durability
4.	人群	rénqún	n.	group of people, crowd

B 🎧 06-04

Kèfú zài jièshào chǎnpǐn shí, yào tūchū chǎnpǐn yǔzhòngbùtóng de xìngnéng. Zài zhòngduō
客服在介绍产品时，要突出产品与众不同的性能。在众多

lèisì de chǎnpǐn zhōng, yǒu tèxìng de chǎnpǐn zuì néng xīyǐn mǎijiā de yǎnqiú. Yǔzhòngbùtóng de
类似的产品中，有特性的产品最能吸引买家的眼球。与众不同的

dìfang bāokuò chǎnpǐn de cáizhì、 chǎndì、 shèjì、 yánsè、 guīgé děng děng. Kèfú yào
地方包括产品的材质、产地、设计、颜色、规格等等。客服要

liǎojiě mǎijiā de xūqiúdiǎn, bǎ mǎijiā guānxīn de xìngnéng tèdiǎn miáoshù chulai.
了解买家的需求点，把买家关心的性能特点描述出来。

译文 yìwén Text in English

When introducing the product, the customer service staff should highlight the product's distinctive performance. Among so many similar products, the one with distinctive features can catch the buyers' eyes the most. The distinctive features include the product material, place of origin, design, colour, specifications and so on. The customer service staff should learn the buyers' demand points and describe the performance features the buyers care about.

PRODUCT SIZE
产品信息表

产品细节

普通词语 pǔtōng cíyǔ General Vocabulary 🎧 06-05

1.	介绍	jièshào	v.	introduce
2.	与众不同	yǔzhòngbùtóng	phr.	unusual, out of the ordinary
3.	众多	zhòngduō	adj.	many

4.	类似	lèisì	adj.	similar
5.	等等	děng děng	phr.	so on
6.	关心	guānxīn	v.	care about
7.	描述	miáoshù	v.	describe

专业词语 zhuānyè cíyǔ Specialized Vocabulary 🎧06-06

1.	特性	tèxìng	n.	characteristic
2.	材质	cáizhì	n.	material
3.	产地	chǎndì	n.	place of origin
4.	颜色	yánsè	n.	colour
5.	规格	guīgé	n.	specification
6.	需求点	xūqiúdiǎn	n.	demand point
7.	特点	tèdiǎn	n.	feature

三、视听说　shì-tīng-shuō　Viewing, Listening and Speaking

看视频，了解客服介绍产品性能时的注意事项，指出下列客服在与买家的沟通过程中出现的问题，并说说如何避免这些问题。**Watch the video to learn about the precautions for the customer service staff when introducing product performance, point out the problems in the following communication between the customer service staff and the buyers, and talk about how to avoid these problems.**

jièshào chǎnpǐn xìngnéng shí de zhùyì shìxiàng
介绍 产品 性能 时的注意 事项
Precautions for Introducing Product Performance

yòng gùkè tīng bu dǒng de yǔyán gōutōng
A. 用 顾客听 不 懂 的语言 沟通
communicate using technical terms that a buyer cannot understand

bù néng tuījiàn héshì chǐmǎ
B. 不 能 推荐 合适尺码
being unable to recommend the right size

kuādà chǎnpǐn gōngxiào
C. 夸大 产品 功效

exaggerating product efficacy

1
mǎijiā: Nǐmen jiā ànmóyí de yuǎnhóngwàixiàn yǒu shénme zuòyòng?
买家：你们 家 按摩仪的 远红外线 有 什么 作用？

Buyer: What's the function of the far infrared rays of your massager?

kèfú: Qīn, yuǎnhóngwàixiàn néng zhìliáo jiānzhōuyán hé jǐngzhuībìng.
客服：亲， 远红外线 能 治疗 肩周炎 和 颈椎病。

Customer service: Dear, it can cure periarthritis humeroscapalaris and cervical spondylosis.

mǎijiā: Ànmóyí yě jiù huǎnjiě yíxiàr jīròu jǐnzhāng, hái néng zhìbìng a?
买家：按摩仪也就 缓解 一下儿肌肉 紧张， 还 能 治病 啊？

Buyer: I think a massager can only relieve muscle tension. Can it cure diseases?

kèfú: Yǒu bù shǎo kèhù zài yīyuàn zhì bu hǎo, yòngle wǒmen de ànmóyí, dōu zhìhǎo le ne.
客服：有 不 少 客户 在 医院 治 不 好， 用了 我们 的 按摩仪， 都 治好 了呢。

Customer service: Quite a few customers who can't be cured in the hospital have been cured after using our massager.

2
mǎijiā: zhè jiàn hùwàifú zhìliàng rúhé?
买家：这 件 户外服 质量 如何？

Buyer: How is the quality of this outdoor clothing?

kèfú: Wǒmen de lāshēn duànliè qiángdù hěn dà.
客服：我们 的 拉伸 断裂 强度 很 大。

Customer service: Ours has a great tensile strength.

mǎijiā: Shénme yìsi? wǒ tīng bu dǒng.
买家： 什么 意思？我 听 不 懂。

Buyer: What do you mean? I don't understand.

kèfú: Jiù shì shuō yīfu hěn jiēshi, zhìliàng hěn hǎo.
客服：就 是 说 衣服 很 结实， 质量 很 好。

Customer service: I mean this clothing is durable and of high quality.

măijiā: Zhè jiàn T xù wǒ hěn xǐhuan, dànshì bù zhīdào xuǎn shénme chǐmǎ.

❸ 买家：这件 T 恤我很 喜欢，但是不知道 选 什么尺码。

Buyer: I like this T-shirt very much, but I don't know what size to choose.

kèfú: Wǒmen jiā dōu shì biāozhǔn chǐmǎ.

客服：我们家都是 标准 尺码。

Customer service: All our products are of the standard size.

măijiā: Shēngāo 155 cm, tǐzhòng 60 kg, gāi xuǎn shénme chǐmǎ ne?

买家：身高 155 cm，体重 60 kg，该 选 什么尺码呢？

Buyer: My height is 155cm and weight is 60kg. What size should I choose?

kèfú: Qīn, wǒ bāng nín chácha kàn. Kěyǐ xuǎn M huòzhě L.

客服：亲，我帮 您 查查看。可以选 M 或者 L。

Customer service: Dear, let me check for you. You can choose size M or L.

măijiā: Dàodǐ shì nǎge mǎ a?

买家：到底 是 哪个码啊？

Buyer: Which size on earth should I choose?

尺码**参数**
PARAMETER

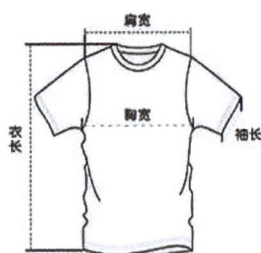

尺码	肩宽	胸围	衣长	袖长	适合体重（斤）
48/M	41	49	63	20	105-120
50/L	43	51	65	21	115-130
52/XL	45	53	67	22	130-150
54/2XL	47	55	69	23	150-175
56/3XL	49	57	71	24	175-200

注：由于测量方法的不同，尺码数据可能存在 1-3CM误差，属于正常现象！

❶ _____ ❷ _____ ❸ _____

说一说 Let's talk

说说客服在介绍产品性能时应该避免哪些问题。**Talk about the problems the customer service staff should avoid when introducing product performance.**

四、学以致用 xuéyǐzhìyòng Practicing What You Have Learnt

看视频，了解客服如何向买家介绍产品的功能、材质、尺码以及使用寿命等内容，选择合适的词语填入下面的对话中。**Watch the video to learn about how the customer service staff introduced the product functions, materials, sizes and service life to the buyers, and choose the right words to fill in the following dialogues.**

rúhé jièshào chǎnpǐn xìngnéng
如何介绍 产品 性能
How to Introduce Product Performance

fángshuǐ
A. 防水
waterproof

shǐyòng shòumìng
B. 使用 寿命
service life

cáizhì
C. 材质
material

shèxiàngtóu
D. 摄像头
camera

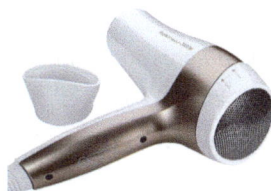

diànchuīfēng
E. 电吹风
electric hair drier

cánsī
F. 蚕丝
natural silk

mǎijiā: Zhè jiàn yīfu shì shénme de?
1 买家：这件衣服是 什么_____的？
Buyer: What material is this clothes made of?

kèfú: Qīn, Zhè kuǎn miànliào shì de, chuānshang shūshì tòuqì.
客服：亲，这款 面料 是_____的，穿上 舒适透气。
Customer service: Dear, this fabric is natural silk, which is comfortable and breathable.

mǎijiā: Cánsī bù hǎo dǎlǐ ba?
买家：蚕丝不 好 打理吧？
Buyer: Silk is not easy to take care of, is it?

kèfú: Xǐ de shíhou yòng lěngshuǐ, jiā yìxiē xǐfàshuǐ, xǐwán yīngān jiù kěyǐ le.
客服：洗的 时候 用 冷水，加一些洗发水，洗完 阴干 就 可以了。
Customer service: Wash it in cold water using some shampoo and dry it in the shade after washing.

2
mǎijiā: Zhè kuǎn értóng diànhuà shǒubiǎo chúle dìngwèi, hái yǒu qítā gōngnéng ma?
买家：这 款 儿童 电话 手表 除了 定位，还有 其他 功能 吗？
Buyer: Does this children's phone watch have other functions besides positioning?

kèfú: Qīn, zhè kuǎn chǎnpǐn pèibèile   kěyǐ jìnxíng shìpín tōnghuà.
客服：亲，这 款 产品 配备了_____，可以进行视频 通话。
Customer service: Dear, this product is equipped with a camera, so it can make video calls.

mǎijiā: Yǒu   gōngnéng ma?
买家：有_____功能 吗？
Buyer: Is it waterproof?

kèfú: Zhè kuǎn shì shēndù fángshuǐ de, xià dàyǔ línshīle dōu néng zhèngcháng shǐyòng.
客服：这 款 是 深度 防水 的，下大雨淋湿了 都 能 正常 使用。
Customer service: This product is highly waterproof, and it can work normally even after it gets wet in heavy rain.

3
mǎijiā: Zhè kuǎn   nàiyòng ma?
买家：这 款_____耐用 吗？
Buyer: Is this electric hair drier durable?

kèfú: Qǐng fàngxīn, zhè kuǎn chǎnpǐn cǎiyòng de shì yōuzhì diànjī, xìngnéng fēicháng wěndìng.
客服：请 放心，这 款 产品 采用 的是优质电机，性能 非常 稳定。
Customer service: Don't worry. This product uses high-quality motors with stable performance.

mǎijiā: yìbān shì duō cháng shíjiān?
买家：_____一般 是 多 长 时间？
Buyer: How long is its general service life?

kèfú: Diànchuīfēng yìbān 3～5 nián de shǐyòng shòumìng, wǒ jiā zhè kuǎn yòng 5 nián méi wèntí.
客服：电吹风 一般3～5 年 的 使用 寿命，我家 这 款 用5年 没 问题。
Customer service: The service life is usually 3-5 years for an electric hair drier, but for this product in our store, five years is out of question.

五、小知识 xiǎo zhīshi Tips

Zhìnéng xǐyījī
智能洗衣机

Zhìnéng xǐyījī tōngguò duì yònghù rìcháng xǐyī xíngwéi jìnxíng xuéxí hé fēnxī,   lái tígōng
智能洗衣机通过 对用户日常洗衣行为进行学习和分析，来提供

gèxìnghuà xǐyī tǐyàn. Yǔyīn kāiqǐ xǐyījī hòu,   xǐyījī tōngguò guānggǎn jiǎncè jìshù
个性化洗衣体验。语音开启洗衣机后， 洗衣机通过 光感 检测技术

zhìnéng gǎnzhī yīfu de wūzhuódù hé pàomòliàng, bìng gēnjù wūzhuódù zìdòng pǐpèi zuìjiā xǐdí
智能 感知衣服的污浊度和泡沫量，并根据污浊度自动匹配最佳洗涤

shíjiān,   gēnjù pàomòliàng zìdòng zēngjiǎn piǎoxǐ cìshù,   cóng'ér zuòdào yī jìng jí tíng.   Xǐyījī
时间，根据 泡沫量自动 增减 漂洗次数，从而做到衣净即停。洗衣机

néng jìlù yònghù de gèrén xǐyī shùjù, bìng yǔ yúnduān de lèisì yònghù shùjù jìnxíng bǐjiào,
能记录用户的个人洗衣数据，并与云端的类似用户数据进行比较，

wèi shǒutóu de rènwu zìdòng xuǎnzé zhèngquè de zhōuqī shèzhì, hái néng duì xǐyī yòng shuǐ hé
为手头的任务自动选择正确的周期设置，还能对洗衣用水和

zhōuqī jìnxíng tiáozhěng, jiéshěng shuǐliàng bìngqiě tígāo xǐyī xiàolǜ.
周期进行调整，节省水量并且提高洗衣效率。

Intelligent Washing Machine

An intelligent washing machine provides personalized laundry experience by learning and analyzing a user's daily laundry behavior. After being turned on by voice, the washing machine intelligently senses the turbidity and foam amount of the clothes through the light sensing detection technology, automatically matches the best washing time according to the turbidity, automatically increases or decreases the rinsing times according to the foam amount, so that it can stop washing immediately after the clothes are clean. The washing machine can record the user's personal laundry data and compares it with similar users' data in the cloud to automatically select the right cycle setting for the task at hand. It can also adjust the water and cycle for laundry, thus saving water and improving laundry efficiency.

补充专业词语 bǔchōng zhuānyè cíyǔ Supplementary Specialized Vocabulary 🎧 06-07

1.	检测报告	jiǎncè bàogào	phr.	testing report
2.	语音交流	yǔyīn jiāoliú	phr.	voice communication
3.	个性化服务	gèxìnghuà fúwù	phr.	personalized service
4.	远红外线	yuǎnhóngwàixiàn	n.	far infrared ray
5.	拉伸断裂强度	lāshēn duànliè qiángdù	phr.	tensile strength
6.	防水	fángshuǐ	v.	be waterproof
7.	使用寿命	shǐyòng shòumìng	phr.	service life
8.	光感检测技术	guānggǎn jiǎncè jìshù	phr.	light sensing detection technology

第二部分　Part 2

汉字　*Chinese Characters*

一、汉字知识　Hànzì zhīshi　Knowledge about Chinese Characters

汉字的偏旁（6）　Radicals of Chinese characters (6)

偏旁 Radicals	例字 Examples	部件组合 Combinations	结构图示 Illustrations
竹	笔	竹＋毛	⊟
	篮	竹＋监	⊟
	箱	竹＋相	⊟
	等	竹＋寺	⊟
	管	竹＋官	⊟
	简	竹＋间	⊟
	第	竹＋弔	⊟
灬	然	狱＋灬	⊟
	点	占＋灬	⊟
	热	执＋灬	⊟
	黑	里＋灬	⊟
	照	昭＋灬	⊟
衤	衬	衤＋寸	⊞
	衫	衤＋彡	⊞
	裤	衤＋库	⊞
雨	需	雨＋而	⊟
	雪	雨＋彐	⊟
	零	雨＋令	⊟
土	城	土＋成	⊞
	地	土＋也	⊞
	场	土＋易	⊞
	坏	土＋不	⊞
	去	土＋厶	⊟

二、汉字认读与书写　Hànzì rèndú yǔ shūxiě　The Recognition and Writing of Chinese Characters

认读下列词语，并试着读写构成词语的汉字。**Recognize the following words, and try to read and write the Chinese characters forming these words.**

性能　　材质　　产地　　颜色　　规格　　特点

性			能			材			质		
产			地			颜			色		
规			格			特			点		

第三部分　Part 3

日常用语 *Daily Expressions*

❶ 我还不能马上说定。Wǒ hái bù néng mǎshàng shuōdìng. I cannot say for certain off-hand.

❷ 谢谢您的合作。Xièxie nín de hézuò. Thank you for your cooperation.

❸ 如果对某些细节有意见的话，请提出来。Rúguǒ duì mǒu xiē xìjié yǒu yìjiàn dehuà, qǐng tí chulai. If you have any questions on the details, feel free to ask.

第四部分　Part 4

单元实训 *Unit Practical Training*

产品性能介绍实训　chǎnpǐn xìngnéng jièshào shíxùn
Practical Training on Product Performance Introduction

实训目的 Training purpose

掌握与产品性能相关的知识，了解产品的性能优势，学会针对不同顾客人群进行产品性能的介绍，解答顾客的疑问。

To master the knowledge related to product performance, learn about the performance superiority of products, learn to introduce product performance to different groups of customers and answer customers' questions

实训组织 Training organization

每组四人，分工合作。

Four students work in each group, cooperating with a due division of labor.

实训步骤 Training steps

每组准备一个智能手机，手机上安装好电商平台 APP，有上网条件。

Each group prepares a smartphone, which is equipped with an e-commerce platform APP and has the access to the Internet.

❶ 组内的各个成员分别选择两个不同类目的产品，通过网络了解自己所选产品的各种性能。

Each member of each group chooses two different categories of products and learns about various performances of the products selected through the Internet.

❷ 小组成员整理搜集到的产品性能资料，按照功能、材质、款式、产地、规格、使用寿命等内容进行分类。

Group members analyze and sort out the collected information related to product performance, and classify based on function, material, style, place of origin, specifications, service life, etc.

❸ 组内成员轮流进行表演，一位组员扮演客服，介绍自己所选产品的性能，其他三位组员扮演顾客，对产品的性能进行提问，扮演客服的组员进行解答。

Group members take turns to perform, with one member role-playing the customer service to introduce the performance of the products he/she selected, and the other three members role-playing the customers to ask questions about the products' performance. The member role-playing the customer service answer these questions.

❹ 教师对各组的实施情况进行点评。

The teacher comments on the performance of each group.

第五部分　Part 5

单元小结　Unit Summary

词语 Vocabulary
cíyǔ

普通词语　General Vocabulary

1.	指	zhǐ	v.	refer to
2.	满足	mǎnzú	v.	meet, satisfy
3.	实现	shíxiàn	v.	realize, achieve
4.	要求	yāoqiú	n.	requirement
5.	介绍	jièshào	v.	introduce
6.	与众不同	yǔzhòng-bùtóng	phr.	unusual, out of the ordinary
7.	众多	zhòngduō	adj.	many
8.	类似	lèisì	adj.	similar
9.	等等	děng děng	phr.	so on
10.	关心	guānxīn	v.	care about
11.	描述	miáoshù	v.	describe

专业词语　Specialized Vocabulary

1.	性能	xìngnéng	n.	performance

2.	程度	chéngdù	n.	degree
3.	持久性	chíjiǔxìng	n.	durability
4.	人群	rénqún	n.	group of people, crowd
5.	特性	tèxìng	n.	characteristic
6.	材质	cáizhì	n.	material
7.	产地	chǎndì	n.	place of origin
8.	颜色	yánsè	n.	colour
9.	规格	guīgé	n.	specification
10.	需求点	xūqiúdiǎn	n.	demand point
11.	特点	tèdiǎn	n.	feature

cíyǔ
词语
Vocabulary

补充专业词语　Supplementary Specialized Vocabulary

1.	检测报告	jiǎncè bàogào	phr.	testing report
2.	语音交流	yǔyīn jiāoliú	phr.	voice communication
3.	个性化服务	gèxìnghuà fúwù	phr.	personalized service
4.	远红外线	yuǎnhóngwàixiàn	n.	far infrared ray
5.	拉伸断裂强度	lāshēn duànliè qiángdù	phr.	tensile strength
6.	防水	fángshuǐ	v.	be waterproof
7.	使用寿命	shǐyòng shòumìng	phr.	service life
8.	光感检测技术	guānggǎn jiǎncè jìshù	phr.	light sensing detection technology

jùzi
句子
Sentences

1. 客服要熟悉产品，了解不同人群对产品性能的要求以及产品的性能优势。

2. 客服在介绍产品时，要突出产品与众不同的性能。

3. 与众不同的地方包括产品的材质、产地、设计、颜色、规格等等。

4. 亲，这款面料是蚕丝的，穿上舒适透气。

5. 请放心，这款产品采用的是优质电机，性能非常稳定。

6. 电吹风一般 3～5 年的使用寿命，我家这款用 5 年没问题。

Wùliú   wèntí
物流问题
Logistics Issues

wùliú   jìndù   xìnxī   wèntí
物流进度信息问题
Logistics Progress Information Issues

wùliú   wèntí
物流问题
Logistics Issues

催发货

cuī fāhuò   wèntí
催发货问题
Urging Shipment Issues

无条件退货

网购商品

tuì-huànhuò wèntí
退换货 问题
Return or Exchange Issues

题解　Introduction

1. 学习内容：物流问题的沟通方法，以及客服回应物流问题的服务用语。

   Learning content: The communication methods for logistics issues, and the service expressions for customer service to respond to logistics issues

2. 知识目标：掌握与物流问题相关的关键词和短语，了解汉字的偏旁"走""忄""攵""饣""禾"，学写相关汉字。

   Knowledge objectives: To master the keywords and phrases related to logistics issues, understand the radicals of Chinese characters such as "走", "忄", "攵", "饣", "禾", and learn to write the related Chinese characters

3. 技能目标：学会对不同类型的物流问题进行回复。

   Skill objective: To learn to respond to different types of logistics issues

第一部分　Part 1

课文 Texts

一、热身　rèshēn　Warm-up

1. 给词语选择对应的图片。**Choose the corresponding picture for each word.**

A.

B.

C.

D.

fùkuǎn
❶ 付款＿＿＿＿＿＿＿＿
pay

yùnfèi
❷ 运费＿＿＿＿＿＿＿＿
freight

qiānshōu
❸ 签收＿＿＿＿＿＿＿＿
sign for

kuàidì gōngsī
❹ 快递 公司＿＿＿＿＿＿＿＿
courier company

2. 看视频，了解商品的物流进度信息，判断下列客服的回复与哪个物流进度的问题相关。**Watch the video to learn about the logistics progress information of products, and determine which logistics progress issues the following customer service responses are related to.**

liǎojiě shāngpǐn de wùliú jìndù xìnxī
了解 商品 的物流进度信息
Understand the Logistics Progress Information

fāhuò zīxún	dàohuò shíjiān zīxún	tuì-huànhuò zīxún
A. 发货咨询	B. 到货 时间咨询	C. 退换货 咨询
inquire the delivery	inquire the arrival time	inquire the return or exchange of goods

❶ Qīn, běn diàn zhīchí 7 tiān wú lǐyóu tuì-huànhuò, qǐng nín diǎnjī "shēnqǐng shòuhòu".
亲，本店支持7天无理由退换货，请您点击"申请 售后"。
Dear, our store supports 7-day unconditional returns and exchanges. Please click "after-sales service".

❷ Qīn, 16 diǎn qián zhīfù de dìngdān dàngtiān fāhuò, 16 diǎn zhīhòu de dì-èr tiān fāhuò.
亲，16点前支付的订单 当天发货，16点之后的第二天发货。
Dear, orders paid before 16:00 will be shipped on the same day, and orders paid after 16:00 will be shipped the next day.

❸ Qīn, kuàidì yìbān 2~3 tiān dàodá, jiéjiàrì huì yǒu yánchí.
亲，快递一般2～3天到达，节假日会有延迟。
Dear, the delivery usually takes two or three days and may be delayed during holidays.

❶ _____ ❷ _____ ❸ _____

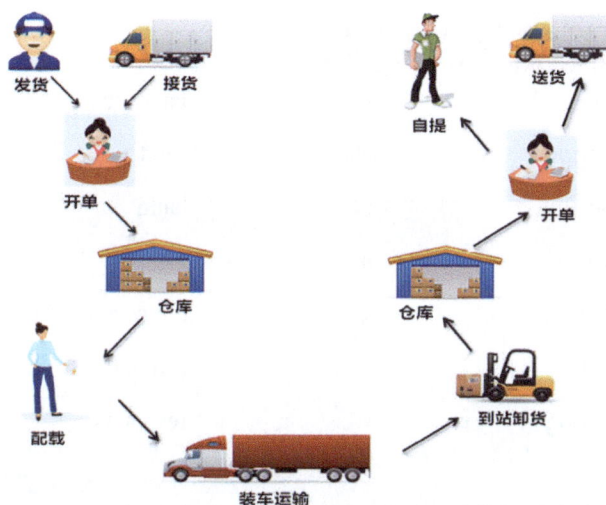

二、课文　kèwén　Texts

A　🎧 07-01

Mǎijiā fùkuǎn hòu,　diànpù tōngguò wùliú bǎ shāngpǐn sòngdào mǎijiā shǒu zhōng.　Zài fāhuò
买家付款后，店铺 通过物流把商品 送到 买家手 中。在发货

guòchéng zhōng,　mǎijiā huì zīxún　kèfú hěn duō wùliú fāngmiàn de wèntí.　Cháng jiàn de wèntí
过程 中，买家会咨询客服很多物流方面 的问题。常 见的问题

bāokuò shāngpǐn shìfǒu yǐ fāhuò、　yòng de nǎ jiā kuàidì gōngsī、　shénme shíjiān dàohuò děng.
包括 商品是否已发货、 用的哪家快递公司、 什么时间到货 等。

Qiānshōu hòu hái yǒu tuì-huànhuò de wùliú wèntí,　kèfú dōu yào jíshí huíyìng.
签收 后还有 退换货的物流问题，客服都要及时回应。

译文 yìwén Text in English

Products are delivered to buyers through logistics after payment. During the process of shipment, buyers usually ask the customer service staff many questions about logistics, including whether the products have been shipped, which courier companies are used and when the products will arrive. After signing for the product, there are logistics issues with returns or exchanges. The customer service staff should respond promptly.

普通词语 pǔtōng cíyǔ General Vocabulary　🎧 07-02

1.	后	hòu	n.	later time
2.	送到	sòngdào	phr.	send
3.	手	shǒu	n.	hand
4.	中	zhōng	n.	in
5.	家	jiā	q.	*a measure word for families/enterprises*
6.	及时	jíshí	adv.	promptly
7.	回应	huíyìng	v.	respond

专业词语 zhuānyè cíyǔ Specialized Vocabulary 🎧 07-03

1.	付款	fùkuǎn	v.	pay
2.	到货	dàohuò	v.	arrival of goods
3.	退换货	tuì-huànhuò	v.	return or exchange of goods

B 🎧 07-04

Dāng kèhù yāoqiú tuì-huànhuò shí, kèfú yīnggāi xúnwèn tuì-huànhuò de yuányīn, bìng wèi
当客户要求 退换货 时， 客服应该 询问 退换货的原因， 并 为

kèhù jiějué wèntí. Rúguǒ shì shāngpǐn zhìliàng wèntí huòzhě fācuò huò, diànpù yào chéngdān
客户解决问题。如果是 商品 质量问题或者发错货，店铺要 承担

láihuí de yùnfèi. Kèfú yào bǎ tuì-huànhuò de dìzhǐ、 liánxìrén hé liánxì fāngshì gàosu
来回的运费。客服要把 退换货 的地址、 联系人和联系方式告诉

kèhù, shōudào shāngpǐn hòu yào jíshí tuìkuǎn huòzhě chóngxīn fāhuò.
客户， 收到 商品 后要及时退款 或者 重新 发货。

译文 yìwén Text in English

When a customer wants to return or exchange a product, the customer service staff should ask about the reason and solve the problem for the customer. If it is due to the quality of the product or the wrong delivery of the product, the store shall bear the round-trip freight. The customer service staff should tell the customer the address, contact person and contact information, and promptly refund or resend one after receiving the product.

普通词语 pǔtōng cíyǔ General Vocabulary 🎧 07-05

1.	当	dāng	prep.	when
2.	或者	huòzhě	conj.	or
3.	来回	láihuí	v.	make a round trip
4.	告诉	gàosu	v.	tell
5.	收到	shōudào	phr.	receive
6.	重新	chóngxīn	adv.	again

专业词语 zhuānyè cíyǔ Specialized Vocabulary			🎧 07-06
1.	发错货	fācuò huò	phr.	wrong delivery
2.	地址	dìzhǐ	n.	address
3.	联系人	liánxìrén	n.	contact person

三、视听说　shì-tīng-shuō　Viewing, Listening and Speaking

看视频，了解客服对顾客催发货的回复，将下列回复内容补充完整，并说说客服应如何回复催发货的顾客。**Watch the video to learn about customer service staff's responses to customers' reminders for shipment. Complete the following responses and talk about how customer service staff should respond to customers urging shipment.**

rúhé huífù cuī fāhuò de gùkè
如何回复催发货的顾客
How to Respond to Customers Urging Shipment

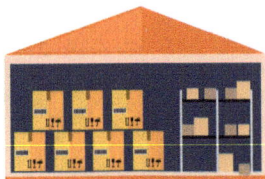

kùcún
A. 库存
stock

cháxún
B. 查询
check

fāhuò
C. 发货
shipment

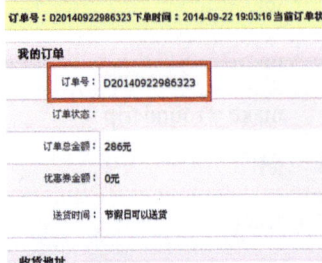

dìngdānhào
D. 订单号
order number

wùliú
E. 物流
logistics

催发货

gùkè:　Nǐ hǎo, shénme shíhou fāhuò a?
顾客：你好，什么 时候 发货啊？
Customer: Hello! When will my product be shipped?

kèfú:　Qīn, nín hǎo, qǐngwèn nín suǒ gòumǎi chǎnpǐn de　shì duōshao?
客服：亲，您好，请问 您 所 购买 产品 的＿＿＿＿＿①＿＿＿＿＿是 多少？
Customer service: Hello, dear! Could you tell me your order number?

gùkè:　Shì 1320456784.
顾客：是 1320456784。
Customer: It is 1320456784.

kèfú:　Qīn, wǒ mǎshàng bāng nín　yíxiàr, qǐng shāo děng.
客服：亲，我 马上 帮 您＿＿＿＿②＿＿＿＿一下儿，请 稍 等。
Customer service: OK, dear. I will check it for you right away. Please wait a minute.

yǐ fāhuò
已发货
already shipped

kèfú:　Qīn, ràng nín jiǔ děng le. Wǒ gāngcái gěi nín cháxúnguo le, nín de dìngdān yǐjīng fāhuò, xiànzài
客服：亲，让 您 久 等 了。我 刚才 给您 查询过 了，您 的 订单 已经 发货，现在
zhèngzài lùshang. Nín kěyǐ diǎnjī dìngdān xiàmiàn de "chákàn　", shíshí zhǎngwò
正在 路上。您可以点击 订单 下面 的"查看＿＿＿③＿＿＿＿",实时 掌握
tā de dòngtài.
它的动态。
Customer service: Dear, sorry for having kept you waiting for such a long time. I've just checked it for you. Your order has already been shipped and is on its way. You can click on "View Logistics" below the order to get its real-time status.

wèi fāhuò
未发货
unshipped

kèfú:　Qīn, ràng nín jiǔ děng le.　Nín de dìngdān hái méiyǒu _____④_____, zhēn de shífēn
客服：亲，让 您 久 等 了。您 的 订单 还 没有_____④_____，真 的 十分

bàoqiàn. Zhè kuǎn chǎnpǐn zuìjìn màide tài huǒbào le, _____⑤_____ yǐjīng méiyǒu le.
抱歉。这 款 产品 最近 卖得 太 火爆 了，_____⑤_____已经 没有 了。

Dànshì qǐng nín fàngxīn, gōngchǎng yǐjīng zài jiābān shēngchǎn, hěn kuài jiù néng gěi nín fāhuò le,
但是 请 您 放心，工厂 已经 在 加班 生产，很 快 就 能 给 您 发货 了，

kěnqǐng nín lǐjiě.
恳请 您 理解。

Customer service: Dear, sorry for having kept you waiting for such a long time. I am so sorry that your order has not been shipped yet. The product you have ordered is so popular recently that it is out of stock now. The workers in the factory are working overtime on it. Please rest assured that your product will be shipped soon. I appreciate your understanding.

① _____　② _____　③ _____　④ _____　⑤ _____

说一说　Let's talk

说说当顾客咨询是否发货时客服的回复流程。**Talk about the customer service staff's responding process when a customer asks about shipment.**

四、学以致用　xuéyǐzhìyòng　Practicing What You Have Learnt

看视频，了解退换货单的制作，将所给信息填入下面的表中。**Watch the video to learn about the return/exchange order making, and fill in the table below using the information provided.**

liǎojiě tuì-huànhuòdān de zhìzuò
了解退换货单的制作
Learn about the Return/Exchange Order Making

① 13562156991　　② ￥8　　③ missfloret　　④ TB12389454

⑤ 7 tiān wú lǐyóu tuìhuàn
7 天无理由退换
7-day unconditional returns and exchanges

⑥ máfan fā Shùnfēng Kuàidì
麻烦发 顺丰 快递
Could you please send it via SF Express?

⑦ Jiāngsū Shěng Nánjīng Shì Qīxiá Qū Yángshān Běilù yī hào
江苏 省 南京市栖霞区 羊山 北路一号
No. 1, Yangshan North Road, Qixia District, Nanjing City, Jiangsu Province

tuì-huànhuòdān 退换货单 return/exchange order			
yònghùmíng 用户名 user name		dìngdānhào 订单号 order No.	
liánxì diànhuà 联系电话 phone number		dìzhǐ 地址 address	
tuì-huànhuò yuányīn 退换货 原因 reason			
xūyào tuìhuàn de shāngpǐn 需要退换的 商品 product	liányīqún 连衣裙 dress	shāngpǐn chǐmǎ 商品 尺码 product size	S
shùliàng 数量 quantity	1	gēnghuàn chéng 更 换 成 change into	L
dàifā kuàidì de jīn'é 代发快递的金额 freight of the returned product			
tuìkuǎn jīn'é 退款金额 refund amount	￥68	zhīfùbǎo zhànghào 支付宝 账号 Alipay account	13562156991
mǎijiā bèizhù 买家备注 remarks			

五、小知识　xiǎo zhīshi　Tips

发错货怎么办
Fācuò huò zěnmebàn

Rúguǒ gùkè shōuhuò hòu fāxiàn shāngpǐn bìngfēi zìjǐ suǒ gòumǎi de huòwù, huì dì-yī shíjiān
如果顾客收货后发现商品并非自己所购买的货物，会第一时间

yǔ kèfú liánxì. Kèfú yīng qǐng gùkè jìnxíng pāizhào, bìng wěndìng gùkè de qíngxù, gàozhī
与客服联系。客服应请顾客进行拍照，并稳定顾客的情绪，告知

gùkè yídìng huì tuǒshàn jiějué. Zài yǔ cāngkù héduì dìngdān, liǎojiě xiāngguān qíngkuàng,
顾客一定会妥善解决。在与仓库核对订单，了解相关情况，

quèrèn fācuò huòpǐn hòu, kèfú yīng chéngkěn dàoqiàn, ānfǔ gùkè, bìng chéngnuò huànhuò.
确认发错货品后，客服应诚恳道歉，安抚顾客，并承诺换货。

Kèfú wùbì yào yǔ cāngkù gōutōng, bǎozhèng chǎnpǐn de zàicì fāhuò méiyǒu wèntí, bìng
客服务必要与仓库沟通，保证产品的再次发货没有问题，并

gēnzōng fāhuò jìndù. Gùkè shōudào huò hòu, kèfú yào dì-yī shíjiān gēn gùkè quèrèn,
跟踪发货进度。顾客收到货后，客服要第一时间跟顾客确认，

zàicì dàoqiàn, zhēngqǔ kèhù de yuánliàng.
再次道歉，争取客户的原谅。

How to Handle Wrong Delivery

If a customer receives a product and finds that it isn't what he/she bought, he/she will contact the customer service staff at once. The customer service staff should first ask the customer to take photos, and calm him/her down by telling him/her that it will be settled properly. Then the staff should check the order with the warehouse, and learn about the situation. After confirming the wrong delivery, the staff should sincerely apologize to comfort the customer and promise to exchange the product. The customer service staff should communicate with the warehouse to ensure that there is no problem with the reshipment and track the shipment progress, and confirm it with the customer as soon as he/she receives the product and apologize again to seek the customer's forgiveness.

	补充专业词语 bǔchōng zhuānyè cíyǔ Supplementary Specialized Vocabulary			🎧 07-07
1.	无理由退换货	wú lǐyóu tuì-huànhuò	phr.	unconditional returns and exchanges
2.	用户名	yònghùmíng	n.	user name

3.	订单号	dìngdānhào	n.	order number
4.	金额	jīn'é	n.	amount of money
5.	支付宝	zhīfùbǎo	n.	Alipay
6.	备注	bèizhù	n.	remarks
7.	仓库	cāngkù	n.	warehouse

第二部分　Part 2

汉字　*Chinese Characters*

一、汉字知识　Hànzì zhīshi　Knowledge about Chinese Characters

汉字的偏旁（7）　Radicals of Chinese characters (7)

偏旁 Radicals	例字 Examples	部件组合 Combinations	结构图示 Illustrations
走	超	走＋召	
	趣	走＋取	
	起	走＋己	
	趟	走＋尚	
忄	忙	忄＋亡	
	快	忄＋夬	
	慢	忄＋曼	
	惯	忄＋贯	
	情	忄＋青	
攵	教	孝＋攵	
	收	丩＋攵	
	数	娄＋攵	
	放	方＋攵	
饣	馆	饣＋官	
	饭	饣＋反	
	饺	饣＋交	
	饼	饣＋并	
	饿	饣＋我	

（续表）

偏旁 Radicals	例字 Examples	部件组合 Combinations	结构图示 Illustrations
禾	和	禾＋口	
	种	禾＋中	
	租	禾＋且	
	季	禾＋子	

二、汉字认读与书写 Hànzì rèndú yǔ shūxiě **The Recognition and Writing of Chinese Characters**

认读下列词语，并试着读写构成词语的汉字。**Recognize the following words, and try to read and write the Chinese characters forming these words.**

付款　　到货　　签收　　过程　　快递公司

付			款			到			货	
签			收			过			程	
快			递			公			司	

第三部分　Part 3

日常用语 *Daily Expressions*

① 我们真诚地希望你们在这里过得愉快。Wǒmen zhēnchéng de xīwàng nǐmen zài zhèlǐ guò de yúkuài. We sincerely hope you'll have a pleasant stay here.

② 质量比数量更重要。Zhìliàng bǐ shùliàng gèng zhòngyào. Quality is more important than quantity.

第四部分　Part 4

单元实训 *Unit Practical Training*

物流问题回复　 wùliú wèntí huífù　 Responding to Logistics Issues

实训目的 Training purpose

了解店铺发货的物流进程，掌握沟通物流问题的方法与要点，学会对不同类型的物流问题进行回复。

To understand the logistics progress of store shipment, master the methods and key points of communicating logistics issues and learn to respond to different types of logistics issues

实训组织 Training organization

每组四人，分工合作。

Four students work in each group, cooperating with a due division of labor.

实训步骤 Training steps

每组准备一个智能手机，手机上安装好电商平台 APP，有上网条件。

Each group prepares a smartphone, which is equipped with an e-commerce platform APP and has the access to the Internet.

❶ 小组成员从发货物流咨询、催发货、退换货物流三个方面进行讨论，每人设计三个不同的问题。

Group members discuss from three aspects: inquiries on delivery logistics, urging shipment and return/exchange logistics. Each member prepares three different questions.

❷ 每个组员轮流扮演顾客，其他三人扮演客服进行回复。顾客提出自己的物流问题，其他三位客服进行回答。

Each team member takes turns to role-play the customer, while the other three members role-play the customer service staff to respond. The customer raises his/her questions on logistics, and the other three customer service staff answer these questions.

❸ 回答结束后，顾客对客服的回答进行评价，选出针对不同类型物流问题最好的回复。各组员在此基础上再进行优化。

After completing the responses, the customer evaluates the customer service staff's responses and selects the best responses to different types of logistics issues. Each team member optimizes them on this basis.

❹ 向班级同学展示本组设计的物流问题和优化后的回复。

Make a presentation to the class on the logistics issues designed by the group and the optimized responses.

❺ 教师对各组的实施情况进行点评。

The teacher comments on the performance of each group.

第五部分　Part 5

单元小结　*Unit Summary*

普通词语　General Vocabulary

cíyǔ **词语** Vocabulary	1. 后	hòu	n.	later time
	2. 送到	sòngdào	phr.	send
	3. 手	shǒu	n.	hand
	4. 中	zhōng	n.	in
	5. 家	jiā	q.	*a measure word for families/enterprises*
	6. 及时	jíshí	adv.	promptly
	7. 回应	huíyìng	v.	respond

8.	当	dāng	prep.	when
9.	或者	huòzhě	conj.	or
10.	来回	láihuí	v.	make a round trip
11.	告诉	gàosu	v.	tell
12.	收到	shōudào	phr.	receive
13.	重新	chóngxīn	adv.	again

专业词语　Specialized Vocabulary

1.	付款	fùkuǎn	v.	pay
2.	到货	dàohuò	v.	arrival of goods
3.	退换货	tuì-huànhuò	v.	return or exchange of goods
4.	发错货	fācuò huò	phr.	wrong delivery
5.	地址	dìzhǐ	n.	address
6.	联系人	liánxìrén	n.	contact person

补充专业词语　Supplementary Specialized Vocabulary

1.	无理由退换货	wú lǐyóu tuì-huànhuò	phr.	unconditional returns and exchanges
2.	用户名	yònghùmíng	n.	user name
3.	订单号	dìngdānhào	n.	order number
4.	金额	jīn'é	n.	amount of money
5.	支付宝	zhīfùbǎo	n.	Alipay
6.	备注	bèizhù	n.	remarks
7.	仓库	cāngkù	n.	warehouse

cíyǔ
词语
Vocabulary

jùzi
句子
Sentences

1. 亲，16点前支付的订单当天发货，16点之后的第二天发货。

2. 常见的物流问题包括商品是否已发货、用的哪家快递公司、什么时间到货等。

3. 如果是商品质量问题或者发错货，店铺要承担来回的运费。

4. 亲，您好，请问您所购买产品的订单号是多少？

5. 我刚才给您查询过了，您的订单已经发货，现在正在路上。

6. 亲，让您久等了，您的订单还没有发货，真的十分抱歉。

8

Tóusù   chǔlǐ
投诉处理
Complaint Handling

chǔlǐ kèhù tóusù de jīběn bùzhòu
处理客户投诉的基本步骤
Basic Steps of Handling Customer Complaints

rènzhēn qīngtīng
认真 倾听
Listening Attentively

ānfǔ qíngxù
安抚情绪
Soothing One's Emotions

jíshí huíyìng
及时回应
Responding in a Timely Manner

jìlù wèntí
记录问题
Recording the Problem

fēnxī yuányīn
分析原因
Analyzing the Reason

jiějué wèntí
解决问题
Solving the Problem

题解　Introduction

1. 学习内容：电子商务客户投诉处理的基本步骤及典型话术。

   Learning content: The basic steps and the typical verbal skills of e-commerce customer complaint handling

2. 知识目标：掌握与电子商务客户投诉处理相关的关键词和短语，了解汉字的偏旁 "门" "疒" "冂" "车" "贝"，学写相关汉字。

   Knowledge objectives: To master the keywords and phrases related to e-commerce customer complaint handling, understand the radicals of Chinese characters such as "门", "疒", "冂", "车", "贝", and learn to write the related Chinese characters

3. 技能目标：学会处理客户投诉。

   Skill objective: To learn to handle customer complaints

第一部分　Part 1

课文　*Texts*

一、热身　rèshēn　Warm-up

1. 给词语选择对应的图片。**Choose the corresponding picture for each word.**

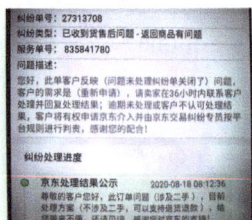

A.

B.

C.

D.

kèhù tóusù
❶ 客户投诉＿＿＿＿＿＿＿＿＿
customer complaint

pàndìng zérèn
❸ 判定责任＿＿＿＿＿＿＿＿＿
determine the responsibility

jìlù tóusù nèiróng
❷ 记录投诉内容＿＿＿＿＿＿＿＿＿
record the complaint content

tíchū jiějué fāng'àn
❹ 提出解决方案＿＿＿＿＿＿＿＿＿
propose a solution

2. 看视频，了解电商平台客服处理客户投诉的基本步骤，并判断下列典型工作用语属于哪一个步骤。

Watch the video to learn about the basic steps of handling customer complaints of e-commerce platform customer service, and determine which steps the following typical work expressions fall under.

chǔlǐ kèhù tóusù de jīběn bùzhòu
处理客户投诉的基本步骤
Basic Steps of Handling Customer Complaints

jījí qīngtīng
A. 积极倾听
listening attentively

biǎoshì lǐjiě
B. 表示理解
expressing understanding

zhǎochū yuányīn hé dòngjī
C. 找出原因和动机
finding out the reason and motivation

tíchū jiějué fāng'àn
D. 提出解决方案
proposing a solution

Qīn, qǐng nín bú yào zháojí, wǒ fēicháng lǐjiě nín de xīnqíng, wǒmen yídìng huì jiéjìn quánlì wèi nín
❶ 亲，请您不要着急，我非常理解您的心情，我们一定会竭尽全力为您
jiějué de.
解决的。
Dear, don't worry, I understand how you feel and we will try our best to solve the problem for you.

Qīn, nín kěyǐ gàosu wǒ nín de jùtǐ wèntí shì shénme ma? Nín de yìsi shì zhèyàng, duì ba?
❷ 亲，您可以告诉我您的具体问题是什么吗？您的意思是这样，对吧？
Dear, could you tell me about your specific problem? That's what you mean, isn't it?

Qīn, zhège quèshí shì wǒmen fāhuò rényuán de guòshī, máfan nín tiánxiě tuìhuò shēnqǐng, bǎ huò
❸ 亲，这个确实是我们发货人员的过失，麻烦您填写退货申请，把货
jìhuí. Wǒmen shōudào huò de shíhou, huì zài dàngtiān huòzhě gétiān gěi nín chóngxīn fāchū.
寄回。我们收到货的时候，会在当天或者隔天给您重新发出。
Dear, this is really the fault of our delivery staff. Please fill in the application for returning the product and send the product back. When we receive the product, we will resend one to you on the same day or the next day.

Qīn, néng bu néng máfan nín pāi gè zhàopiàn? Wǒmen kàn yíxiàr fā gěi nín de shì shénme huò.
❹ 亲，能不能麻烦您拍个照片？我们看一下儿发给您的是什么货。

Jiǎrú huòpǐn fācuò, wǒmen jiāng huì chéngdān quánbù zérèn.
假如货品发错，我们 将 会 承担 全部 责任。

Dear, could you please take a photo to let us see the product we sent to you? If the product is shipped incorrectly, we will take full responsibility.

❶ _____ ❷ _____ ❸ _____ ❹ _____

二、课文 kèwén Texts

A 🎧 08-01

Diànshāng tóusù chǔlǐ shì wǎngdiàn yùnyíng de zhòngyào zǔchéng bùfen. Wèile tígāo
电商 投诉处理是 网店 运营的 重要 组成 部分。为了提高

kèhù fúwù zhìliàng, kèfú rényuán xūyào nàixīn qīngtīng bù tóng yìjiàn, chǔlǐ kèhù tíchū
客户服务质量，客服人员 需要耐心 倾听 不 同意见， 处理客户提出

de bù tóng wèntí. Jījí yǒuxiào de chǔlǐ kèhù tóusù, nénggòu xiāochú fùmiàn yǐngxiǎng,
的不同问题。积极有效地处理客户投诉，能够 消除 负面 影响，

tíshēng kèhù mǎnyìdù, shì wǎngdiàn liángxìng fāzhǎn de zhòngyào bǎozhàng.
提升客户满意度，是 网店 良性 发展的 重要 保障。

译文 yìwén Text in English

E-commerce complaint handling is an important part of online store operations. In order to improve the quality of customer service, customer service staff need to listen to different opinions patiently and handle different matters raised by customers. Handling customer complaints actively and effectively can eliminate negative effects, improve customer satisfaction, so it is an important guarantee for the healthy development of online stores.

普通词语 pǔtōng cíyǔ General Vocabulary 🎧 08-02

1.	组成	zǔchéng	v.	compose
2.	倾听	qīngtīng	v.	listen
3.	保障	bǎozhàng	n.	guarantee

专业词语 zhuānyè cíyǔ Specialized Vocabulary 🎧 08-03

1.	满意度	mǎnyìdù	n.	satisfaction
2.	良性发展	liángxìng fāzhǎn	phr.	healthy development

| 良性 | liángxìng | adj. | beneficial, good |
| 发展 | fāzhǎn | v. | develop |

B 🎧 08-04

Tóusù chǔlǐ de liúchéng yìbān fēnwéi sì gè jiēduàn: shòulǐ tóusù jiēduàn、 jiěshì chéngqīng
投诉处理的流程一般分为四个阶段：受理投诉阶段、解释 澄清

jiēduàn、 tíchū jiějué fāng'àn jiēduàn hé gēnzōng huífǎng jiēduàn. Zài měi yí gè jiēduàn, kèfú
阶段、提出解决方案阶段和跟踪 回访 阶段。在每一个阶段，客服

rényuán dōu yào zūnxún yídìng de xíngwéi zhǔnzé, bāokuò ānfǔ hào kèhù qíngxù, nàixīn qīngtīng
人员 都要遵循一定的 行为 准则，包括安抚好客户情绪，耐心 倾听

kèhù de yìjiàn, jìnxíng huànwèi sīkǎo, gǎo qīngchu kèhù de zhēnzhèng xūqiú, lìqiú wèi
客户的意见，进行 换位 思考，搞 清楚客户的 真正 需求，力求为

kèhù tígōng mǎnyì de fúwù.
客户提供满意的服务。

译文 yìwén Text in English

The process of complaint handling is generally divided into four stages: complaint acceptance stage, explanation and clarification stage, solution proposing stage, and follow-up stage. At every stage, customer service staff should follow certain codes of conduct, including soothing customers' emotions, patiently listening to their opinions, empathizing with them, understanding their real needs, and striving to provide them with satisfactory service.

普通词语 pǔtōng cíyǔ General Vocabulary 🎧 08-05

1.	阶段	jiēduàn	n.	stage
2.	解释	jiěshì	v.	explain
3.	澄清	chéngqīng	v.	clarify
4.	方案	fāng'àn	n.	proposal, plan
5.	遵循	zūnxún	v.	follow
6.	安抚	ānfǔ	v.	soothe, pacify
7.	情绪	qíngxù	n.	emotion
8.	搞清楚	gǎo qīngchu	phr.	make clear
9.	真正	zhēnzhèng	adj.	real
10.	力求	lìqiú	v.	strive

🎧 08-06

1.	跟踪	gēnzōng	v.	track, follow (up)
2.	回访	huífǎng	v.	visit (a patient, customer) again
3.	行为准则	xíngwéi zhǔnzé	phr.	code of conduct
4.	换位思考	huànwèi sīkǎo	phr.	put oneself in sb. else's shoes

三、视听说 shì-tīng-shuō Viewing, Listening and Speaking

看视频，了解电商平台客服在处理投诉时采用的不同话术，将服务用语与客户的相关体验进行匹配，并说说电商客服处理投诉时常用的服务用语。**Watch the video to learn about different verbal skills of e-commerce customer service staff in handling complaints, match the service expressions with the customers' corresponding experience, and talk about the common service expressions of e-commerce customer service staff in handling complaints.**

chǔlǐ tóusù shí de huàshù
处理投诉时的话术
Verbal Skills in Handling Complaints

gǎndào bèi zūnzhòng
A. 感到被 尊重
feeling being respected

gǎndào bèi lǐjiě
B. 感到被理解
feeling being understood

gǎndào bèi zhòngshì
C. 感到被 重视
feeling being valued

❶ Qīn, nín shēngqì wǒ néng lǐjiě, huànchéng shì wǒ, yě huì hé nín yǒu yíyàng de gǎnshòu.
亲，您生气我能理解，换成 是我，也会和您有一样的 感受。
Dear, I can understand why you are angry, and I would feel the same way if I were you.

❷ Qīn, zhège tàocān yōuhuì shì tígōng gěi nín de VIP quányì, nín kěyǐ gèng hǎo de xiǎngshòu fúwù.
亲，这个套餐优惠是提供给您的 VIP 权益，您可以更 好地 享受 服务。
Dear, this package discount is a VIP privilege for you, so you can enjoy the service better.

Qīn, nín shì chángqī zhīchí wǒmen de lǎo kèhù le, wǒmen duì nín de yìjiàn shì fēicháng zhòngshì de.
❸ 亲，您是长期支持我们的老客户了，我们对您的意见是非常重视的。

Dear, you are a regular customer who has been supporting us for a long time, and we attach great importance to your opinions.

❶ _____   **❷** _____   **❸** _____

说一说　Let's talk

说说电商客服处理客户投诉的流程。**Talk about the process of e-commerce customer service handling customer complaints.**

四、学以致用　xuéyǐzhìyòng　Practicing What You Have Learnt

看视频，学习电商平台客服处理投诉的真实案例。客服与客户之间的如下对话存在处理不当之处，判断这些处理方式违反了哪些准则，请在相应的括号内打钩。**Watch the video to learn the real case of an e-commerce customer service staff handling a complaint. The following conversation between the customer service staff and the customer is not handled properly. Determine which guidelines these handling methods have violated and put ticks in the corresponding brackets.**

pànduàn chǔlǐ fāngshì wéifǎn de zhǔnzé
判断 处理方式 违反的 准则
Determine the Guidelines Violated by the Handling Methods

kèhù:　　Nǐ hǎo.
客户：你 好。
Customer: Hello!

kèfú:　　Qīn, qǐngwèn yǒu shénme shìqing?
客服：亲，请问 有 什么 事情？
Customer service: Dear, what can I do for you?

kèhù:　　Wǒ qián jǐ tiān mǎile nǐ jiā yì kuǎn shǒujī, zhè liǎng tiān yì dǎ diànhuà jiù duànxiàn.
客户：我 前几天 买了你家 一款 手机，这 两 天一打 电话 就 断线。
Customer: I bought a mobile phone in your store several days ago, but I have been disconnected as soon as I called these days.

kèfú:　　Nǐ shì bu shì zài dìxiàshì huòzhě shān shang dǎ de?　Suǒyǐ xìnhào bù xíng.
客服：你是不是在地下室或者 山 上 打的？ 所以信号不行。
Customer service: Did you call from a basement or a hill? Maybe the signal was bad.

kèhù:　　Bú shì,　zài dàjiē shang dōu duànxiàn, hǎo duō cì le.
客户：不是，在大街 上 都 断线， 好 多次了。
Customer: No, I have been disconnected on the street many times.

kèfú:　　Nǐ shǒujī yǒu méiyǒu shuāiguo? Wǒmen bù kěnéng chū zhè zhǒng wèntí de.
客服：你手机有 没有 摔过？ 我们 不 可能 出 这 种 问题的。
Customer service: Have you ever dropped your phone? Our phones can't go wrong like this.

kèhù:　　Méiyǒu shuāiguo, mǎi huilai jiù chūxiàn wèntí le.
客户：没有 摔过，买 回来就 出现 问题了。
Customer: No, I haven't dropped it. After I bought it, there was something wrong with it.

kèfú:　　Nà wǒ jiù bù qīngchu le,　nǐ zài yòng jǐ tiān kànkan.
客服：那我 就不 清楚了，你再 用 几天 看看。
Customer service: Well, I don't know then. You can use it for a few more days.

kèhù:　　Shǒujī lǎo duànxiàn, yǐngxiǎng wǒ gōngzuò zěnme bàn?
客户：手机老 断线， 影响 我 工作 怎么 办？
Customer: What should I do if my phone keeps getting disconnected and affects my work?

kèfú:　　Bàoqiàn,　nà shì nǐ de shìqing,　zàishuō nǐ jiǎng de qíngkuàng yě bù guī wǒ guǎn.
客服：抱歉，那是你的事情， 再说你讲 的 情况 也不 归我 管。
Customer service: Sorry, it's your own business, and I'm not in charge of what you said.

kèhù:　　Nǐ zhè shì shénme fúwù tàidu a?　Wǒ yào tóusù nǐ!
客户：你这是 什么服务态度啊？我 要 投诉你！
Customer: What kind of service attitude are you taking? I'll complain against you!

kèfú:　　Mòmíngqímiào!
客服：莫名其妙！
Customer service: It's unaccountable!

bù zūnzhòng kèhù
❶ 不 尊重 客户（　　　）
being disrespect for customers

duì chǎnpǐn xìngnéng bù liǎojiě
❷ 对 产品 性能 不了解（　　　）
being unfamiliar with product performance

duì chǎnpǐn shǐyòng kěnéng chūxiàn de zhuàngkuàng bù qīngchu
❸ 对 产品 使用 可能 出现 的 状况 不 清楚（　　　）
being unclear about the possible conditions when using the product

méiyǒu zhàn zài duìfāng de jiǎodù
❹ 没有 站 在 对方的角度（　　　）
not thinking from the other party's perspective

yíwèi de dàoqiàn
❺ 一味地 道歉（　　　）
apologizing blindly

tuītuō zérèn
❻ 推脱 责任（　　　）
shirking the responsibility

五、小知识　xiǎo zhīshi　Tips

Diànshāng kèfú rúhé chǔlǐ chàpíng
电商 客服如何处理差评

Rènhé diànshāng píngtái de diànpù dōu bù kěnéng zuòdào ràng suǒyǒu kèhù dōu mǎnyì,
任何 电商 平台的店铺都不可能做到 让 所有客户都满意，

yǒushí nánmiǎn huì chūxiàn kèhù de chàpíng, zhège shíhou gāi rúhé zuò ne? Shǒuxiān yào zuòdào
有时 难免 会出现客户的差评，这个时候该如何做呢？ 首先 要做到

xùnsù huífù, duì chàpíng kuàisù gěichū huíyìng, tóngshí yào tàidù zhēnchéng, zhēnxīn de biǎodá
迅速回复，对 差评 快速给出回应，同时要态度真诚， 真心地表达

qiànyì, yòng lǐmào détǐ de yǔyán dǎdòng duìfāng; qícì shì yǔ gùkè yìqǐ fēnxī chàpíng de
歉意，用礼貌得体的语言打动对方；其次是与顾客一起分析差评的

yuányīn, jīyú mǎijiā de fǎnkuì, màijiā yào zuòchū yǒu zhēnduìxìng de fēnxī, nàixīn xìzhì de
原因，基于买家的反馈，卖家要做出有针对性的分析，耐心细致地

liǎojiě mǎijiā wèi shénme gěi chàpíng; zuìhòu shì tígōng jiějué fāng'àn, tōngguò yìxiē éwài de
了解买家为什么给差评；最后是提供解决方案，通过一些额外的

bǔcháng, bāokuò bǔcháng jīnqián、zèngsòng lǐpǐn huò tígōng tèbié zhékòu yōuhuì de fāngfǎ, zuòdào
补偿，包括 补偿 金钱、赠送 礼品或提供特别折扣优惠的方法，做到

ràng gùkè mǎnyì.
让 顾客 满意。

How E-Commerce Customer Service Staff Handle Negative Reviews

It is impossible for any e-commerce store to make all customers satisfied, and sometimes it is inevitable to have negative reviews from customers. What should we do at this time? First of all, it is important to respond quickly and promptly to negative reviews. At the same time, we should be sincere in our attitude, genuinely apologize, and impress the other party with polite and appropriate words; secondly, analyze the reasons for negative reviews with customers. Based on buyers' feedback, sellers should make targeted analysis and patiently and meticulously get to know why buyers give negative reviews. Finally, provide solutions to satisfy customers by offering additional compensations, including compensating money, giving gifts, or offering special discounts.

补充专业词语 bǔchōng zhuānyè cíyǔ Supplementary Specialized Vocabulary 🎧 08-07

1.	判定责任	pàndìng zérèn	phr.	determine the responsibility
2.	套餐优惠	tàocān yōuhuì	phr.	package discount
3.	VIP 权益	VIP quányì	phr.	VIP rights and interests
4.	真实案例	zhēnshí ànlì	phr.	real case
5.	推脱责任	tuītuō zérèn	phr.	shirk the responsibility
6.	补偿金钱	bǔcháng jīnqián	phr.	compensate money
7.	赠送礼品	zèngsòng lǐpǐn	phr.	give a gift
8.	特别折扣	tèbié zhékòu	phr.	special discount

第二部分　Part 2

汉字　*Chinese Characters*

一、汉字知识　Hànzì zhīshi　Knowledge about Chinese Characters

汉字的偏旁（8）　**Radicals of Chinese characters (8)**

偏旁 Radicals	例字 Examples	部件组合 Combinations	结构图示 Illustrations
门	问 闻 间 闹	门＋口 门＋耳 门＋日 门＋市	
疒	病 瘦	疒＋丙 疒＋叟	
冂	网 同 冈	冂＋㐅 冂＋口 冂＋乂	
车	辆 轻 较 辅	车＋两 车＋圣 车＋交 车＋甫	
贝	费 赛 贵	弗＋贝 寒＋贝 虫＋贝	

二、汉字认读与书写　Hànzì rèndú yǔ shūxiě　The Recognition and Writing of Chinese Characters

认读下列词语，并试着读写构成词语的汉字。**Recognize the following words, and try to read and write the Chinese characters forming these words.**

满意　　良性发展　　回访　　行为准则

满				意			良			性		
发				展			回			访		
行				为			准			则		

第三部分　Part 3

日常用语　*Daily Expressions*

❶ 我想也许将来我们可以合作。Wǒ xiǎng yěxǔ jiānglái wǒmen kěyǐ hézuò. I think we may be able to work together in the future.

❷ 我们想把生意扩大到中国市场。Wǒmen xiǎng bǎ shēngyi kuòdà dào Zhōngguó shìchǎng. We are thinking of expanding our business into the Chinese market.

第四部分　Part 4

单元实训　*Unit Practical Training*

投诉处理应用实训　tóusù chǔlǐ yìngyòng shíxùn
Practical Training on Complaint Handling Application

实训目的 Training purpose

掌握客户投诉处理的常见流程、基本步骤和常用话术。

To master the common process, basic steps and common verbal skills of customer complaint handling

实训组织 Training organization

每组两人，分工合作。

Two students work in each group, cooperating with a due division of labor.

实训步骤 Training steps

每组准备一个智能手机，手机上安装好电商平台 APP，准备好在线聊天工具。

Each group prepares a smartphone, which is equipped with an e-commerce platform APP and has the access to the Internet.

❶ 两人分配好角色，分别扮演客户和客服。

Two persons role-play the customer and the customer service staff respectively.

❷ 打开电子商务平台 APP，进入客服界面。

Open the e-commerce platform APP, and enter the customer service interface.

❸ 客户分别从产品质量问题、服务态度恶劣、发错货三方面进行投诉。

The customer complains respectively from three aspects: product quality issue, poor service attitude, and wrong delivery.

❹ 客服分别对投诉的问题进行回答，并由客户对客服进行评价。

The customer service staff respectively responds to the complaints, and the customer evaluates the customer service staff.

❺ 教师对各组的实施情况进行点评。

The teacher comments on the performance of each group.

第五部分　Part 5

单元小结　*Unit Summary*

普通词语　General Vocabulary

1.	组成	zǔchéng	v.	compose
2.	倾听	qīngtīng	v.	listen
3.	保障	bǎozhàng	n.	guarantee
4.	阶段	jiēduàn	n.	stage
5.	解释	jiěshì	v.	explain
6.	澄清	chéngqīng	v.	clarify
7.	方案	fāng'àn	n.	proposal, plan
8.	遵循	zūnxún	v.	follow
9.	安抚	ānfǔ	v.	soothe, pacify
10.	情绪	qíngxù	n.	emotion
11.	搞清楚	gǎo qīngchu	phr.	make clear
12.	真正	zhēnzhèng	adj.	real
13.	力求	lìqiú	v.	strive

专业词语　Specialized Vocabulary

1.	满意度	mǎnyìdù	n.	satisfaction
2.	良性发展	liángxìng fāzhǎn	phr.	healthy development
	良性	liángxìng	adj.	beneficial, good
	发展	fāzhǎn	v.	develop
3.	跟踪	gēnzōng	v.	track, follow (up)
4.	回访	huífǎng	v.	visit (a patient, customer) again
5.	行为准则	xíngwéi zhǔnzé	phr.	code of conduct
6.	换位思考	huànwèi sīkǎo	phr.	put oneself in sb. else's shoes

补充专业词语　Supplementary Specialized Vocabulary

1.	判定责任	pàndìng zérèn	phr.	determine the responsibility
2.	套餐优惠	tàocān yōuhuì	phr.	package discount
3.	VIP 权益	VIP quányì	phr.	VIP rights and interests
4.	真实案例	zhēnshí ànlì	phr.	real case
5.	推脱责任	tuītuō zérèn	phr.	shirk the responsibility

cíyǔ **词语** Vocabulary	6.	补偿金钱	bǔcháng jīnqián	phr.	compensate money
	7.	赠送礼品	zèngsòng lǐpǐn	phr.	give a gift
	8.	特别折扣	tèbié zhékòu	phr.	special discount

jùzi **句子** Sentences	1. 积极有效地处理客户投诉，能够消除负面影响，提升客户满意度，是网店良性发展的重要保障。 2. 投诉处理的流程一般分为四个阶段：受理投诉阶段、解释澄清阶段、提出解决方案阶段和跟踪回访阶段。 3. 亲，您生气我能理解，换成是我，也会和您有一样的感受。 4. 亲，这个套餐优惠是提供给您的 VIP 权益，您可以更好地享受服务。 5. 亲，您是长期支持我们的老客户了，我们对您的意见是非常重视的。

9

Shòuhòu fúwù

售后服务
After-Sales Service

shòuhòu kèfú de gōngzuò nèiróng
售后客服的 工作 内容
Job Responsibilities of After-Sales Customer Service

dìngdān shěnhé hé xiūgǎi
订单 审核和修改
Order Review and Modification

chǔlǐ kèhù de tuì-huànhuò yāoqiú
处理客户的 退换货 要求
Handling Customers' Requests for Returns and Exchanges

guǎnlǐ kèhù pínglùnqū
管理客户评论区
Managing Customer Comment Area

chǔlǐ kèhù tíchū de tóusù hé wéiquán děng wèntí
处理客户提出的投诉和 维权 等 问题
Handling Customer Complaints, Rights Protection and Other Issues

题解　Introduction

1. 学习内容：电商售后服务的基本步骤、技巧，以及对应的典型工作用语。

Learning content: The basic steps and skills of e-commerce after-sales service, and the corresponding typical work expressions

2. 知识目标：掌握与电商售后服务相关的关键词和短语，了解汉字的偏旁"耳""欠""冫""彳"，学写相关汉字。

Knowledge objectives: To master the keywords and phrases related to e-commerce after-sales service, understand the radicals of Chinese characters such as "耳", "欠", "冫", "彳", and learn to write the related Chinese characters

3. 技能目标：学会做好电商的售后服务。

Skill objective: To learn to do a good job of e-commerce after-sales service

第一部分　Part 1

课文　Texts

一、热身　rèshēn　Warm-up

1. 给词语选择对应的图片。Choose the corresponding picture for each word.

A.

B.

C.

D.

shòuhòu fúwù
❶ 售后服务＿＿＿＿＿＿＿＿＿＿
after-sales service

kèhù mǎnyì
❷ 客户满意＿＿＿＿＿＿＿＿＿＿
customer satisfaction

jìshù zhīchí
❸ 技术支持＿＿＿＿＿＿＿＿＿＿
technical support

kǒubēi xiàoyìng
❹ 口碑效应＿＿＿＿＿＿＿＿＿＿
word-of-mouth effect

2. 看视频，了解电商售后客服的工作内容，将下列典型工作内容与售后客服的相关业务进行匹配。
Watch the video to understand the job responsibilities of e-commerce after-sales customer service, and match the following typical job responsibilities with the corresponding business of after-sales customer service.

diànshāng shòuhòu kèfú de gōngzuò nèiróng
电商 售后客服的 工作 内容
Job Responsibilities of E-commerce After-Sales Customer Service

dìngdān shěnhé hé xiūgǎi
A. 订单 审核和修改
order review and modification

chǔlǐ kèhù de tuì-huànhuò yāoqiú
B. 处理客户的 退换货 要求
handling customers' requests for returns and exchanges

guǎnlǐ kèhù pínglùnqū
C. 管理客户评论区
managing customer comment area

jiějué kèhù tíchū de tóusù hé wéiquán děng wèntí
D. 解决客户提出的投诉和维权 等 问题
handling customer complaints, rights protection. and other issues

7 tiān wú lǐyóu tuì-huànhuò, huànhuò tígōng yùnfèixiǎn、 quējiàn bǔ jì fúwù děng.
❶ 7 天无理由退换货，换货 提供运费险、缺件补寄服务等。
7-day unconditional returns and exchanges, and providing freight insurance for exchanges and sending replacements for missing packages, etc.

Héshí huò xiūgǎi dìngdān zhōng de kèhù dìzhǐ、 diànhuà、 liúyán děng xìnxī.
❷ 核实或修改订单 中 的客户地址、电话、留言等信息。
reviewing or modifying the customer address, phone number, message and other information in the order

Chǔlǐ kèhù tíchū de guānyú chǎnpǐn shǐyòng、 wùliú、 tóusù hé wéiquán děng wèntí.
❸ 处理客户提出的关于 产品使用、物流、投诉和维权 等 问题。
dealing with the issues related to product use, logistics, complaints and rights protection raised by customers

Liǎojiě pínglùn guǎnlǐ yèmiàn zhōng kèhù duì diànpù de píngjià, jíshí zuòchū huífù hé jiěshì.
❹ 了解评论管理页面 中 客户对店铺的评价，及时做出回复和解释。
getting to know customers' evaluation on the store in the comment management page, and responding and explaining in time

① _____ ② _____ ③ _____ ④ _____

二、课文　kèwén　Texts

A 🎧 09-01

Diànshāng de shòuhòu fúwù jiù shì zài shāngpǐn chūshòu yǐhòu, màijiā suǒ tígōng de gèzhǒng
电商 的售后服务就是在 商品 出售以后，卖家所提供的各种

fúwù huódòng. Shòuhòu fúwù shì shòuhòu zuì zhòngyào de huánjié, shì tíshēng xiāofèizhě mǎnyìdù
服务活动。售后服务是售后最重要的环节，是提升消费者满意度

hé zhōngchéngdù de zhǔyào fāngshì, shì shùlì diànpù kǒubēi、chuánbō diànpù xíngxiàng de zhòngyào
和忠诚度 的主要方式，是树立店铺口碑、传播店铺 形象 的 重要

tújìng. Liánghǎo de shòuhòu fúwù shì xiāofèizhě duì pǐnpái jí diànpù jiàzhí rènkě de zhòngyào
途径。良好 的售后 服务是消费者对品牌及店铺价值认可的 重要

yīnsù.
因素。

译文 yìwén Text in English

E-commerce after-sales service refers to various service activities provided by sellers after products are sold. After-sales service is the most important step after selling a product, which is the main way to improve consumers' satisfaction and loyalty. It is also an important way to establish a store's reputation and spread its fame. Good after-sales service is an important factor for consumers to recognize the value of the brand and the store.

普通词语 pǔtōng cíyǔ General Vocabulary　🎧 09-02

1.	以后	yǐhòu	n.	being after
2.	所	suǒ	part.	*used before a verb followed by a noun-receiver of the action*
3.	传播	chuánbō	v.	spread
4.	途径	tújìng	n.	way, approach
5.	认可	rènkě	v.	recognize, accept

专业词语 zhuānyè cíyǔ Specialized Vocabulary　🎧 09-03

1.	出售	chūshòu	v.	sell

2.	忠诚度	zhōngchéngdù	n.	loyalty
3.	口碑	kǒubēi	n.	word of mouth
4.	价值	jiàzhí	n.	value

B 🎧 09-04

Diànshāng de shòuhòu kèfú zhǔyào fùzé zài xiāofèizhě gòumǎi shāngpǐn hòu tígōng yíxìliè
电商 的 售后客服主要负责在消费者购买 商品 后提供一系列

fúwù, bāokuò huífù mǎijiā zīxún, jiědá yíwèn, xiétiáo fāhuò, jìnxíng wùliú gēnzōng,
服务，包括回复买家咨询，解答疑问，协调发货，进行物流跟踪，

chǔlǐ tuìkuǎn tuìhuò dìngdān, jiějué kèhù de tóusù, jíshí chákàn píngjià, zhēnduì píngjià
处理退款退货订单，解决客户的投诉，及时查看评价，针对 评价

nèiróng zuòchū jiěshì děng.
内容 做出解释等。

译文 yìwén Text in English

E-commerce after-sales customer service staff are mainly responsible for providing a series of service after customers buy products, including replying to buyers' consultation and answering questions, coordinating delivery and logistics tracking, handling refund and return orders, handling customer complaints, checking reviews in time, and making explanations for reviews, etc.

普通词语 pǔtōng cíyǔ General Vocabulary   🎧 09-05

| 1. | 一系列 | yíxìliè | adj. | a series of |
| 2. | 疑问 | yíwèn | n. | question, doubt |

专业词语 zhuānyè cíyǔ Specialized Vocabulary   🎧 09-06

1.	协调发货	xiétiáo fāhuò	phr.	coordinate delivery
	协调	xiétiáo	v.	coordinate
2.	物流跟踪	wùliú gēnzōng	phr.	logistics tracking
3.	评价	píngjià	v.	evaluate, appraise

三、视听说　shì-tīng-shuō　Viewing, Listening and Speaking

看视频，了解客户购买商品后碰到的各种问题，将这些问题与相应的类别进行匹配。**Watch the video to learn about various problems customers encounter after purchasing products, and match these problems with the corresponding categories.**

diànshāng shòuhòu kèfú de gōngzuò nèiróng
电商 售后 客服的 工作 内容
Job Responsibilities of E-commerce After-Sales Customer Service

bù qīngchu shǐyòng fāngfǎ
A. 不清楚 使用 方法
not knowing how to use it

kèfú tàidù bù hǎo
B. 客服态度不好
poor customer service attitude

méiyǒu ànqī shōuhuò
C. 没有按期 收货
not receiving the goods on time

chǎnpǐn guīgé bú duì
D. 产品规格不对
wrong product specifications

kèfú de jiědá bù qīngchu
E. 客服的解答不清楚
customer service staff's unclear explanation

méiyǒu dádào yùqī shǐyòng xiàoguǒ
F. 没有达到预期使用 效果
not achieving the expected use effect

shōuhuò hòu fāxiàn shāngpǐn pòsǔn
G. 收货 后发现 商品 破损
the goods were found damaged after receiving them

chǎnpǐn shì jiǎ huò
H. 产品是假货
the produc was counterfeit

chǎnpǐn wèntí
❶ 产品问题（　　　）
product issues

wùliú wèntí
❷ 物流问题（　　　）
logistics issues

fúwù wèntí
❸ 服务问题（　　　）
service issues

说一说　Let's talk

说一说电商售后的常见问题。**Talk about common problems of e-commerce after-sales service.**

四、学以致用　xuéyǐzhìyòng　Practicing What You Have Learnt

看视频，了解售后客服对不同类型退换货申请的操作流程，给流程的相应步骤选择正确答案。**Watch the video to learn about the operation process of after-sales customer service for different types of requests for returns and exchanges, and choose the correct answer for the corresponding step in the process.**

shòuhòu kèfú chǔlǐ bù tóng lèixíng tuì-huànhuò shēnqǐng de cāozuò
售后 客服 处理不 同 类型 退换货 申请 的 操作
Operations of After-Sales Customer Service in Handling Different Types of
Refund and Exchange Applications

❶
Yònghù zài wǎng shang mǎile yí jiàn wàitào, shōudào hòu shìchuānle juéde bù héshì, ànzhào 7 tiān
用户 在 网 上 买了一件外套， 收到 后 试穿了觉得不合适， 按照 7 天
wú lǐyóu tuìhuò de guīdìng, shēnqǐng tuìhuò tuìkuǎn: Yònghù shēnqǐng shòuhòu —— hòutái guǎnlǐyuán
无理由退货的 规定，申请 退货退款： 用户 申请 售后—— 后台 管理员
shěnhé —— （　　　） —— yònghù tíjiāo tuìhuò huílai de wùliú xìnxī —— shāngjiā quèrèn
审核——（　　　）—— 用户 提交 退货 回来的物流信息—— 商家 确认
shōuhuò —— tuìkuǎn dào yònghù zhànghù —— shòuhòu wánchéng.
收货—— 退款 到 用户 账户—— 售后 完成。

A user purchased a coat online and tried it on but found it unsuitable. Based on the 7-day unconditional return policy, he/she applied for a return and refund: the user applied for after-sales service –– the backend administrator reviewed – (　　　) – the user submitted the logistics information for the return – the merchant confirmed after receiving the product – the refund was transferred to the user's account – the after-sales service was completed.

❷
Yònghù zài wǎng shang mǎile yí gè xiāngbāo, shāngpǐnyè shang xiě de shì Huái'ān fāhuò, jiéguǒ yì chá
用户 在 网 上 买了一个 箱包，商品页 上 写的是 淮安 发货，结果一查
wùliú, shì Běijīng fāhuò, kǎolǜ dào shíxiào yīnsù, yāoqiú tuìkuǎn, shāngjiā tóngyì. Yònghù shēnqǐng
物流，是北京发货，考虑到 时效 因素，要求 退款，商家 同意。用户 申请
tuìkuǎn: Yònghù shēnqǐng shòuhòu —— hòutái guǎnlǐyuán shěnhé —— （　　　） —— tuìkuǎn dào
退款：用户 申请 售后—— 后台 管理员 审核——（　　　）—— 退款 到

yònghù zhànghù—— shòuhòu wánchéng.
用户 账户—— 售后 完成。

A user purchased a suitcase online, and the product page stated that it would be shipped from Huai'an. However, upon investigation, the logistics would be shipped from Beijing. Considering time constraints, the user requested a refund, and the merchant agreed to it. The user applied for after-sales service – the backend administrator reviewed – (　　) – the refund was transferred to the user's account – the after-sales service was completed.

❸
Yònghù zài wǎng shang mǎile shēngxiān, tūrán bù xiǎng yào le, shēnqǐng tuìhuò tuìkuǎn: Yònghù
用户 在 网 上 买了 生鲜，突然 不 想 要了，申请 退货退款：用户

shēnqǐng shòuhòu—— hòutái guǎnlǐyuán shěnhé —— (　　) —— yònghù zàicì shēnqǐng shòuhòu.
申请 售后——后台 管理员 审核——（　　）—— 用户 再次 申请 售后。

A user bought some fresh food online, and suddenly he did not want it any more. He applied for a return and refund: the user applied for after-sales service – the backend administrator reviewed – (　　) – the user applied for after-sales service again.

tóngyì tuìkuǎn
A. 同意退款
agreed to a refund

jùjué tuìhuò tuìkuǎn
B. 拒绝退货退款
refused a return and refund

tóngyì tuìhuò tuìkuǎn
C. 同意退货退款
agreed to a return and refund

jùjué tuìkuǎn
D. 拒绝退款
refused a refund

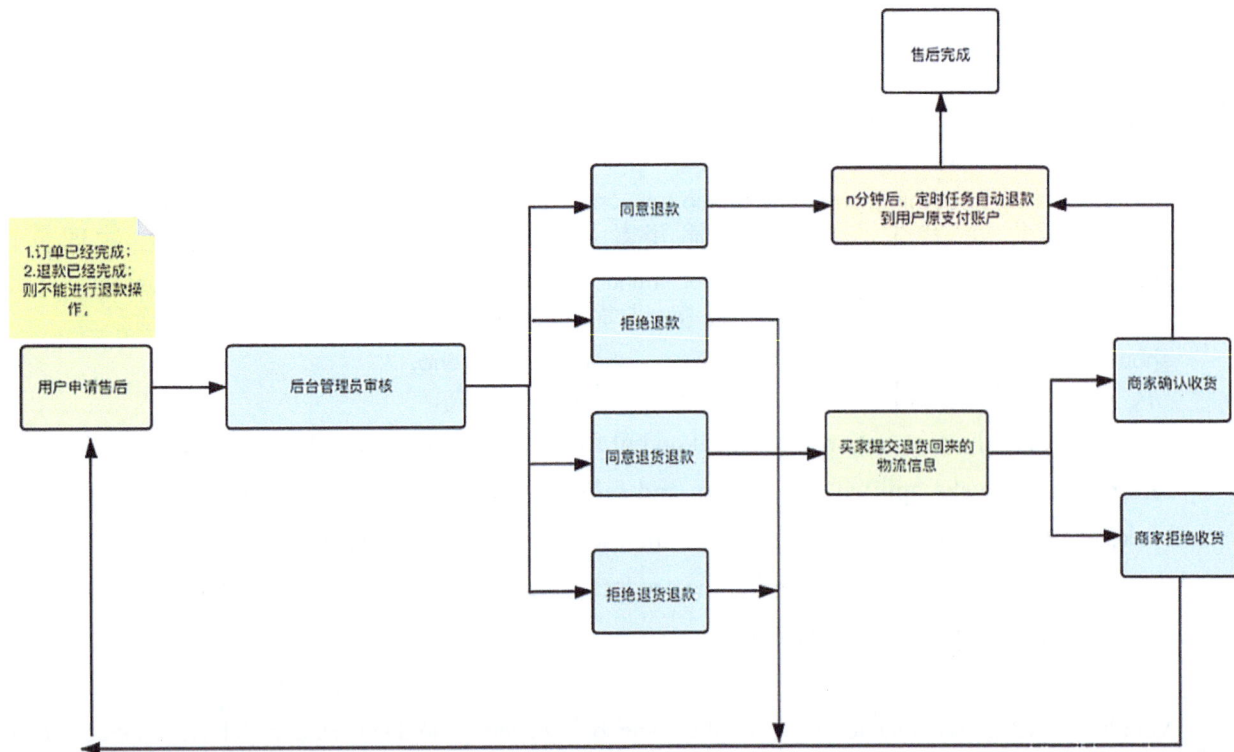

五、小知识　xiǎo zhīshi　Tips

Shòuhòu fúwù rènzhèng
售后 服务 认证

Shòuhòu fúwù rènzhèng shì yì zhǒng rènzhèng tǐxì,　àn píngjià de fēnzhí lái héngliáng fúwù
售后服务认证 是一种 认证 体系，按评价的分值来 衡量 服务

nénglì de gāodī:　Dádào 70 fēn（hán 70 fēn）yǐshàng,　dábiāojí shòuhòu fúwù;　dádào
能力的高低：达到 70 分（含70分）以上，达标级售后服务；达到

80 fēn（hán 80 fēn）yǐshàng,　sānxīngjí shòuhòu fúwù;　dádào 90 fēn（hán 90 fēn）
80分（含80分）以上，三星级售后服务；达到 90 分（含90分）

yǐshàng,　sìxīngjí shòuhòu fúwù;　dádào 95 fēn（hán 95 fēn）yǐshàng,　wǔxīngjí shòuhòu
以上，四星级售后服务；达到 95 分（含95分）以上，五星级售后

fúwù.
服务。

Shòuhòu fúwù rènzhèng kěyǐ gèng hǎo de zhǎnxiàn qǐyè　shílì,　tǐxiàn chū qǐyè yǐrén-
售后 服务认证可以更 好地 展现 企业实力，体现出企业以人

-wéiběn、zhùzhòng fúwù de guǎnlǐ lǐniàn.
为本、注重 服务的管理理念。

After-Sales Service Certification

After-sales service certification is a certification system that measures the level of service capability based on the evaluation score: if it reaches the score of 70 points or above (including 70 points), it is after-sales service meeting the standard; if it reaches the score of 80 points or above (including 80 points), it is three-star after-sales service; if it reaches the score of 90 points or above (including 90 points), it is four-star after-sales service; if it reaches the score of 95 points or above (including 95 points), it is five-star after-sales service.

After-sales service certification can better demonstrate the strength of enterprises and reflect their people-oriented and service-oriented management philosophy.

补充专业词语 bǔchōng zhuānyè cíyǔ Supplementary Specialized Vocabulary 🎧 09-07

1.	按期收货	ànqī shōuhuò	phr.	take the delivery of goods on time
2.	产品规格	chǎnpǐn guīgé	phr.	product specification
3.	商品破损	shāngpǐn pòsǔn	phr.	damaged goods
4.	后台管理员	hòutái guǎnlǐyuán	phr.	backend administrator
5.	用户账户	yònghù zhànghù	phr.	user account
6.	服务认证	fúwù rènzhèng	phr.	service certification
7.	认证体系	rènzhèng tǐxì	phr.	certification system
8.	达标级	dábiāojí	n.	standard level
9.	星级	xīngjí	n.	star level
10.	企业实力	qǐyè shílì	phr.	strength of an enterprise

第二部分　Part 2

汉字　Chinese Characters

一、汉字知识　Hànzì zhīshi　Knowledge about Chinese Characters

汉字的偏旁（9）　Radicals of Chinese characters (9)

偏旁 Radicals	例字 Examples	部件组合 Combinations	结构图示 Illustrations
耳	聊	耳＋卯	
	职	耳＋只	
	取	耳＋又	
	联	耳＋关	
欠	歌	哥＋欠	
	歉	兼＋欠	
	欢	又＋欠	
冫	冷	冫＋令	
	准	冫＋隹	
	次	冫＋欠	
彳	行	彳＋丁	
	得	彳＋寻	
	律	彳＋聿	
	很	彳＋艮	

二、汉字认读与书写　Hànzì rèndú yǔ shūxiě　The Recognition and Writing of Chinese Characters

认读下列词语，并试着读写构成词语的汉字。**Recognize the following words, and try to read and write the Chinese characters forming these words.**

途径　　口碑　　评价　　退款　　情况　　价值

途			径		口		碑	
评			价		退		款	
情			况		价		值	

第三部分　Part 3

日常用语 *Daily Expressions*

❶ 我们很乐意帮忙。Wǒmen hěn lèyì bāngmáng. We are happy to be of help.

❷ 我保证通力合作。Wǒ bǎozhèng tōnglì hézuò. I can assure you of our full cooperation.

❸ 所有这些产品都是我们的畅销货。Suǒyǒu zhèxiē chǎnpǐn dōu shì wǒmen de chàngxiāohuò. All these articles are our bestsellers.

第四部分　Part 4

单元实训 *Unit Practical Training*

售后服务应用实训　shòuhòu fúwù yìngyòng shíxùn
Practical Training on After-Sales Service Application

实训目的 Training purpose

模拟客户投诉处理，掌握客户投诉处理的基本话术。

To master basic verbal skills of customer complaint handling through simulation of customer complaint handling

实训组织 Training organization

每组两人，分工合作。

Two students work in each group, cooperating with a due division of labor.

实训步骤 Training steps

每组准备好智能手机，手机上安装好电商平台 APP 。

Each group prepares a smartphone, which is equipped with an e-commerce platform APP.

❶ 打开电商平台 APP，进入售后服务页面，两个人分配好角色，分别是客户和客服。

Open the e-commerce platform APP to enter the after-sales service interface. Two students role-play the customer and the customer service staff respectively.

❷ 客户分别从产品发错问题、物流延误问题、服务态度恶劣三方面询问客服。

The customer inquires respectively from three aspects: wrong delivery issue, logistics delay issue and poor service attitude.

❸ 客服分别对各种问题进行回答，并由客户对客服进行评价。

The customer service staff answers the questions and the customer evaluates the customer service staff.

❹ 教师对各组的实施情况进行点评。

The teacher comments on the performance of each group.

第五部分 Part 5　单元小结 Unit Summary

cíyǔ
词语
Vocabulary

普通词语　General Vocabulary

1.	以后	yǐhòu	n.	being after
2.	所	suǒ	part.	*used before a verb followed by a noun-receiver of the action*
3.	传播	chuánbō	v.	spread
4.	途径	tújìng	n.	way, approach
5.	认可	rènkě	v.	recognize, accept
6.	一系列	yíxìliè	adj.	a series of
7.	疑问	yíwèn	n.	question, doubt

专业词语　Specialized Vocabulary

1.	出售	chūshòu	v.	sell
2.	忠诚度	zhōngchéngdù	n.	loyalty
3.	口碑	kǒubēi	n.	word of mouth
4.	价值	jiàzhí	n.	value
5.	协调发货	xiétiáo fāhuò	phr.	coordinate delivery
	协调	xiétiáo	v.	coordinate
6.	物流跟踪	wùliú gēnzōng	phr.	logistics tracking
7.	评价	píngjià	v.	evaluate, appraise

补充专业词语　Supplementary Specialized Vocabulary

1.	按期收货	ànqī shōuhuò	phr.	take the delivery of goods on time
2.	产品规格	chǎnpǐn guīgé	phr.	product specification
3.	商品破损	shāngpǐn pòsǔn	phr.	damaged goods
4.	后台管理员	hòutái guǎnlǐyuán	phr.	backend administrator
5.	用户账户	yònghù zhànghù	phr.	user account

词语 *cíyǔ* Vocabulary	6. 服务认证	fúwù rènzhèng	phr.	service certification
	7. 认证体系	rènzhèng tǐxì	phr.	certification system
	8. 达标级	dábiāojí	n.	standard level
	9. 星级	xīngjí	n.	star level
	10. 企业实力	qǐyè shílì	phr.	strength of an enterprise

句子 *jùzi* Sentences	1. 电商的售后服务就是在商品出售以后，卖家所提供的各种服务活动。 2. 良好的售后服务是消费者对品牌及店铺价值认可的重要因素。 3. 电商的售后客服主要负责在消费者购买商品后提供一系列服务。 4. 用户按照 7 天无理由退货的规定，申请退货退款。 5. 售后服务认证是一种认证体系，按评价的分值来衡量服务能力的高低。

Kèhù wéihù
客户维护
Customer Maintenance

kèhù wéihù de zhǔyào gōngzuò
客户维护的主要 工作
Main Work of Customer Maintenance

shōují kèhù zīliào
收集客户资料
Collecting Customer Information

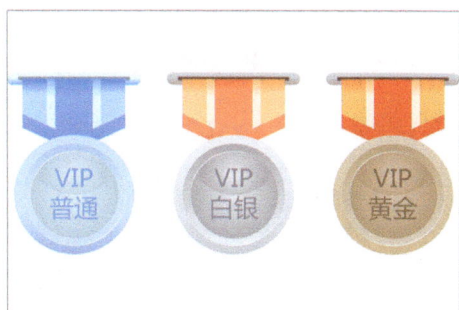

jìnxíng kèhù fēnlèi
进行客户分类
Classifying Customers

huìyuán děngjí huàfēn
会员等级划分
Classifying Membership Levels

jìnxíng kèhù guānxì yíngxiāo
进行客户关系 营销
Conducting Customer Relationship Marketing

第一部分　Part 1

课文　*Texts*

一、热身　rèshēn　Warm-up

1. 给词语选择对应的图片。**Choose the corresponding picture for each word.**

A.

B.

C.

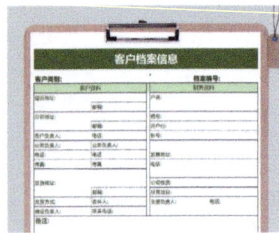

D.

kèhù guānhuái
❶ 客户 关怀 ＿＿＿＿＿＿＿＿＿
customer care

jiànlì　kèhù dàng'àn
❷ 建立客户档案＿＿＿＿＿＿＿＿
establish customer files

lājìn　kèhù guānxì
❸ 拉近客户关系＿＿＿＿＿＿＿＿
try to form ties with customers

huífǎng liánxì　kèhù
❹ 回访联系客户＿＿＿＿＿＿＿＿
follow up with customers

2. 看视频，了解电商客户维护的主要业务，并将下列工作内容与客户维护工作的具体业务进行匹配。
Watch the video to learn about the major business of e-commerce customer maintenance, and match the following job responsibilities with the specific business of customer maintenance.

diànshāng kèhù wéihù de zhǔyào yèwù
电商 客户维护的主要业务
Main Business of E-commerce Customer Maintenance

shōují kèhù zīliào
A. 收集客户资料
collecting customer
information

huìyuán děngjí huàfēn
B. 会员 等级划分
classifying membership
levels

jìnxíng kèhù fēnlèi
C. 进行客户分类
classifying
customers

jìnxíng kèhù guānxì yíngxiāo
D. 进行客户关系 营销
conducting customer
relationship marketing

Gēnjù huìyuán fēnbù qíngkuàng shèzhì hélǐ de huìyuán děngjí zhìdù hé yǒuxiàoqī, rú pǔtōng huìyuán、
❶ 根据会员 分布 情况 设置合理的 会员 等级 制度和有效期，如 普通 会员、
gāojí huìyuán、VIP huìyuán.
高级 会员、VIP 会员。
Set a reasonable membership level system and validity period based on the distribution of members, such as regular members, senior members, and VIP members.

Jìlù kèhù zhùcè de huìyuán xìnxī, liǎojiě kèhù zhùcè shíjiān、 shàng cì dēnglù shíjiān、 mǎijiā
❷ 记录客户注册的 会员 信息，了解客户注册 时间、 上 次 登录 时间、买家
xìnyù děng.
信誉 等。
Record the membership information registered by customers to get to know the customers' registration time, last login time, buyers' reputation, etc.

Gēnjù xiāofèi pínlǜ hé xiāofèi jīn'é jiāng kèhù fēnwéi xiūmián kèhù、 yìbān kèhù、zhòngdiǎn wéihù
❸ 根据消费 频率和 消费金额将 客户分为 休眠 客户、一般 客户、重点 维护
kèhù、 huóyuè kèhù děng.
客户、 活跃 客户 等。
Classify customers into dormant customers, general customers, VIP customers, active customers, etc. based on the consumption frequency and consumption amount.

Tōngguò fāsòng yóujiàn、diànhuà guānhuái、duǎnxìn yíngxiāo děng shǒuduàn wéihù kèhù guānxì.

❹ 通过 发送 邮件、电话 关怀、短信 营销 等 手段 维护客户关系。

Maintain customer relationship through sending emails, making calls, SMS marketing, and other means.

① _____ ② _____ ③ _____ ④ _____

二、课文 kèwén Texts

A 🎧 10-01

Diànshāng de kèhù wéihù shì zhǐ diànshāng kèfú tōngguò yídìng de tújìng yǔ gùkè jiànlì

电商 的客户维护是指 电商 客服通过一定的途径与顾客建立

bìng bǎochí liánghǎo de guānxì. Kèhù wéihù bāokuò shuāngfāng lìyì guānxì hé gǎnqíng guānxì

并 保持 良好 的关系。客户 维护包括 双方 利益关系和感情关系

de wéixì, tā shì shòuhòu fúwù zhuīqiú de mùbiāo. Kèhù wéihù duì wǎng shang diànpù de

的维系，它是售后服务追求的目标。客户维护对网 上 店铺的

jìngzhēnglì yǒu zhòngyào de zhànlüè yìyì, yīncǐ yào zhēnduì bù tóng de xīn lǎo kèhù jìnxíng

竞争力有 重要 的战略意义，因此要针对不同的新老客户进行

kèhù guānxì yíngxiāo.

客户关系 营销。

译文 yìwén Text in English

E-commerce customer maintenance refers to the establishment and maintenance of good relationships between e-commerce customer service and customers through certain channels. Customer maintenance includes the maintenance of both parties' interests and emotional ties, which is the goal pursued by after-sales service. Customer maintenance has important strategic significance for the competitiveness of online stores, therefore customer relationship marketing should target at different new and existing customers.

普通词语 pǔtōng cíyǔ General Vocabulary 🎧 10-02

1.	建立	jiànlì	v.	establish
2.	保持	bǎochí	v.	maintain
3.	双方	shuāngfāng	n.	both sides
4.	利益	lìyì	n.	interest
5.	感情	gǎnqíng	n.	emotion
6.	维系	wéixì	v.	keep, maintain
7.	追求	zhuīqiú	v.	pursue
8.	目标	mùbiāo	n.	goal
9.	战略	zhànlüè	n.	strategy
10.	意义	yìyì	n.	significance
11.	因此	yīncǐ	conj.	therefore

专业词语 zhuānyè cíyǔ Specialized Vocabulary 🎧 10-03

1.	新老客户	xīn lǎo kèhù	phr.	new and existing customers
2.	关系营销	guānxì yíngxiāo	phr.	relationship marketing

B 🎧 10-04

Diànshāng kèfú yào wéihù hǎo yǔ kèhù de guānxì, yīng zuòdào yǐxià sān diǎn: Shǒuxiān, yào
电商 客服要维护好与客户的关系，应 做到以下三点：首先，要

jiànlì kèhù shùjùkù, shōují xīn lǎo kèhù de xìnxī, wèi kèhù tígōng gèxìnghuà de fúwù;
建立客户数据库，收集新老客户的信息，为客户提供个性化的服务；

qícì, yào duì xīn lǎo kèhù de rìcháng yèwù jìnxíng zǒngjié, nàixīn qīngtīng gùkè sùqiú;
其次，要对新老客户的日常业务进行总结，耐心 倾听顾客诉求；

zuìhòu, lìyòng diànhuà、duǎnxìn、huìyuánqún děng gōngjù liánxì kèhù, jìnxíng huífǎng,
最后，利用电话、短信、会员群 等 工具联系客户，进行 回访，

cóng qínggǎn guānhuái fāngmiàn wéihù.
从 情感 关怀 方面 维护。

译文 yìwén Text in English

To maintain a good relationship with customers, e-commerce customer service should do the following three things: first, establish a customer database, collect information of new and existing customers, and provide personalized service for customers; secondly, summarize the daily business of new and existing customers and listen to their demands patiently; finally, contact customers by telephone, SMS, membership group and other tools, and conduct follow-up visits to maintain emotional care.

普通词语 pǔtōng cíyǔ General Vocabulary 🎧 10-05

1.	首先	shǒuxiān	pron.	first
2.	收集	shōují	v.	collect
3.	个性化	gèxìnghuà	v.	personalize
4.	总结	zǒngjié	v.	summarize
5.	电话	diànhuà	n.	telephone
6.	短信	duǎnxìn	n.	SMS

专业词语 zhuānyè cíyǔ Specialized Vocabulary 🎧 10-06

1.	数据库	shùjùkù	n.	database
2.	日常业务	rìcháng yèwù	phr.	daily business
	日常	rìcháng	adj.	daily
3.	诉求	sùqiú	n.	demand
4.	会员群	huìyuánqún	n.	membership group
5.	情感关怀	qínggǎn guānhuái	phr.	emotional care
	情感	qínggǎn	n.	emotion
	关怀	guānhuái	v.	care

三、视听说 shì-tīng-shuō Viewing, Listening and Speaking

看视频，了解电商客服采取的客户关系营销的不同方法，将各种方法的特点与名称进行匹配，并说说各种客户关系营销方法的特点。**Watch the video to learn about different customer relationship marketing methods adopted by e-commerce customer service, match the characteristics and names of various methods, and talk about the characteristics of various customer relationship marketing methods.**

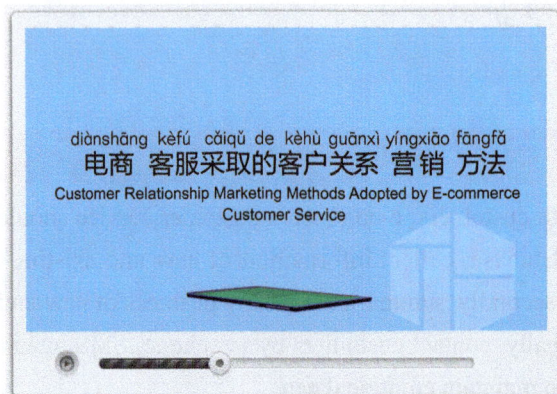

diànshāng kèfú cǎiqǔ de kèhù guānxì yíngxiāo fāngfǎ
电商 客服采取的客户关系 营销 方法
Customer Relationship Marketing Methods Adopted by E-commerce
Customer Service

duǎnxìn yíngxiāo
A. 短信 营销
SMS marketing

diànhuà huífǎng
B. 电话 回访
telephone follow-up

zhàn nèi yíngxiāo
C. 站 内 营销
on-site marketing

lǐpǐn zèngsòng
D. 礼品 赠送
gift giving

❶ Jiànlì huìyuánqún, jìnxíng huìyuánzhì yíngxiāo, tōngguò qúnfā xiāoxi、 qún li jiāoliú jìnxíng hùdòng,
建立会员群，进行 会员制 营销，通过 群发消息、群里交流进行 互动，
zhè shì mùqián diànshāng shǐyòng zuì pǔbiàn de yì zhǒng fāngshì.
这是目前 电商 使用 最普遍的一 种 方式。
Establishing a membership group for membership marketing and interacting through group messaging and group communication is currently the most common method used in e-commerce.

❷ Xiàng kèhù miǎnfèi fāfàng jíjiāng shàngshì chǎnpǐn de xiǎobāozhuāng yàngpǐn, zhè shì kèhù bǐjiào xǐhuan de
向 客户免费发放即将 上市 产品 的 小包装 样品，这是客户比较喜欢 的
yì zhǒng fāngshì.
一 种 方式。
Giving customers small-package samples of products to be launched for free is a method customers like.

❸ Xiàng kèhù zhìdiàn, duì chǎnpǐn běnshēn jí fúwù tàidù děng wèntí jìnxíng huífǎng, zhè zhǒng fāngshì
向 客户致电，对 产品 本身 及服务态度等 问题 进行 回访，这 种 方式
qīnqiè、 zhíjiē, kěyǐ chōngfèn biǎodá chéngyì.
亲切、直接，可以 充分 表达 诚意。
Following up with customers through phone calls on issues such as the product itself and service attitude is a friendly and direct way to fully express sincerity.

❹ Lìyòng shǒujī qúnfā gōngjù jìnxíng yíngxiāo, zhè zhǒng fāngshì shǐyòng chéngběn dī, yònghù qúntǐ gèngjiā
利用手机 群发工具进行 营销，这 种 方式 使用 成本 低，用户 群体 更加
jīngzhǔn, cāozuò gèngjiā línghuó, chuánbō sùdù hěn kuài.
精准， 操作 更加 灵活，传播 速度很 快。

Using mobile phone mass-sending tools for marketing is a way of low cost, more accurate user groups, more flexible operation and fast dissemination speed.

① _____ ② _____ ③ _____ ④ _____

说一说　**Let's talk**

说说电子商务客服在客户维护方面的主要工作内容。**Talk about the main job responsibilities of e-commerce customer service in customer maintenance.**

四、学以致用　xuéyǐzhìyòng　Practicing What You Have Learnt

看视频，学习电商客服进行客户维护的真实案例，通过下列对话中使用的话术，分析、判断客户的特征，并在对应特征的括号内打钩。**Watch the video to learn the real case of e-commerce customer service staff's customer maintenance. Analyze and tell the characteristics of customers based on the verbal skills used in the following dialogue, and tick in the brackets corresponding to the characteristics.**

pànduàn kèhù de tèzhēng
判断 客户的 特征
Judge the Characteristics of Customers

kèhù:　Kùzi hé T xù dāpèi mǎi shì duōshao qián?
客户：裤子和 T 恤搭配买是 多少 钱？
Customer: How much does it cost to pair pants with a T-shirt?

kèfú:　64 jiā 104, yígòng shì 168, qīn.
客服：64 加 104，一共 是 168，亲。
Customer service: Dear, 64 plus 104 equals 168.

kèhù:　Néng yōuhuì ma?
客户：能 优惠吗？
Customer: Can you give me a discount?

kèfú:　Kěyǐ gěi nín dǎ 9 zhé.
客服：可以给 您 打 9 折。
Customer service: We can give you a 10% discount.

kèhù:　　Néng bu néng zài yōuhuì xiē?
客户：能 不 能 再优惠些？
Customer: Can you give me more discount?

kèfú:　　Dǎ 9 zhé shì 151.2, gěi nín suàn 150, qīn.
客服：打 9 折是 151.2，给您 算 150，亲。
Customer service: At ten percent off, it is 151.2. You can have it for 150, dear.

kèhù:　　ò.
客户：哦。
Customer: Oh.

kèfú:　　Wǒmen zhè liǎng kuǎn yīfu dōu shì jīnnián chūntiān de xīnkuǎn, mài de hěn hǎo.
客服：我们 这 两 款衣服都是今年 春天 的 新款，卖得很好。
Customer service: Both of our clothes are new for this spring and are selling very well.

kèhù:　　Wǒ kàn qítā diàn li chàbuduō de yīfu bǐ nǐmen piányi duō le.
客户：我看其他 店里差不多的衣服比你们 便宜多了。
Customer: I find some similar clothes in other stores are much cheaper than yours.

kèfú:　　Cáizhì bù yíyàng, wǒmen cáizhì fēicháng hǎo, yīfu shì bīngcánsī miànliào, yǒu zhìgǎn yòu tèbié shūfu.
客服：材质不一样，我们 材质 非常 好，衣服是 冰蚕丝 面料，有 质感 又特别 舒服。
Customer service: The materials are different. Our material is of top quality. The clothes are made of ice silk fabric, which is textured and very comfortable.

kèhù:　　Yǒu méiyǒu zèngpǐn?
客户：有 没有 赠品呢？
Customer: Do you have any freebies?

kèfú:　　Xiànzài méiyǒu zèngpǐn, yǐhòu yǒu huódòng huì kǎolǜ de.
客服：现在 没有 赠品，以后有 活动 会考虑的。
Customer service: There are no freebies now, but we will consider giving them in future activities.

kèhù:　　Ò, wǒ zài kànkan ba.
客户：哦，我再 看看吧。
Customer: Oh, let me think it over.

jiàgé mǐngǎnxíng
A. 价格敏感型（ ）
price sensitive type

yóuyùxíng
B. 犹豫型（ ）
hesitant type

chōngdòngxíng
C. 冲动型（ ）
impulsive type

tānlánxíng
D. 贪婪型（　）
greedy type

suíyìxíng
E. 随意型（　）
casual type

yúlùnxíng
F. 舆论型（　）
public opinion type

五、小知识　xiǎo zhīshi　Tips

Zhōngchéng kèhù　de zhòngyàoxìng
忠诚　客户的 重要性

Zhōngchéng kèhù shì zhǐ nàxiē chíxù guānzhù bìngqiě gòumǎi qǐyè chǎnpǐn huòzhě fúwù de
忠诚　客户是指那些持续关注 并且 购买企业产品 或者服务的

gùkè. Yǒuguān yánjiū biǎomíng, gùkè zhōngchéngdù duì qǐyè de lìrùn shì yí gè bùkě hūshì
顾客。有关 研究表明，顾客 忠诚度 对企业的利润是一个不可忽视

de zhòngyào yīnsù, qǐyè jīngyíng lìrùn de zuì dà láiyuán shì zhàn qǐyè gùkè qúntǐ zhōng 20%
的 重要 因素，企业经营利润的最大来源是 占企业顾客群体 中 20%

de zhōngchéng gùkè de chóngfù gòumǎi. Lǎo gùkè bǎochí de shíjiān yuè cháng, gòumǎiliàng jiù
的　忠诚 顾客的重复购买。老顾客保持的时间越　长，购买量就

yuè dà, érqiě yóuyú "kǒubēi xiàoyìng", lǎo gùkè huì tuījiàn tārén gòumǎi, cóng'ér zēngjiā
越大，而且由于"口碑 效应"，老顾客会推荐他人购买，从而 增加

xīn gùkè, yóucǐ xíngchéng yì zhǒng "qǐyè yínglì、 gùkè zhōngchéng" de liángxìng xúnhuán
新顾客，由此 形成 一种"企业 盈利、顾客 忠诚"的 良性 循环

xiàoyìng.
效应。

Importance of Loyal Customers

Loyal customers refer to those who continuously follow and purchase a company's products or service. Research has shown that customer loyalty is an important factor that cannot be ignored in a company's profits, and the largest source of business profits is the repeat purchase of loyal customers, who account for 20% of the company's customer base. The longer the retention time of regular customers, the greater the purchase volume. Due to the "word-of-mouth effect", regular customers will recommend others to make purchases, thus gaining new customers and forming a healthy cycle effect characterized by "a profitable enterprise and loyal customers".

补充专业词语 bǔchōng zhuānyè cíyǔ Supplementary Specialized Vocabulary 🎧 10-07

1.	短信营销	duǎnxìn yíngxiāo	phr.	SMS marketing
2.	电话回访	diànhuà huífǎng	phr.	follow-up telephone call
3.	站内营销	zhàn nèi yíngxiāo	phr.	on-site marketing
4.	礼品赠送	lǐpǐn zèngsòng	phr.	gift giving
5.	会员制营销	huìyuánzhì yíngxiāo	phr.	membership marketing
6.	群发工具	qúnfā gōngjù	phr.	mass-sending tool
7.	用户群体	yònghù qúntǐ	phr.	user group
8.	忠诚客户	zhōngchéng kèhù	phr.	loyal customer
9.	口碑效应	kǒubēi xiàoyìng	phr.	word-of-mouth effect
10.	良性循环	liángxìng xúnhuán	phr.	virtuous circle

第二部分 Part 2
汉字 *Chinese Characters*

一、汉字知识 Hànzì zhīshi Knowledge about Chinese Characters

汉字的偏旁（10） **Radicals of Chinese characters（10）**

偏旁 Radicals	例字 Examples	部件组合 Combinations	结构图示 Illustrations
穴	空	穴＋工	⊟
	突	穴＋犬	⊟
	穿	穴＋牙	⊟
田	男	田＋力	⊟
	累	田＋糸	⊟
	思	田＋心	⊟
	备	夂＋田	⊟
	留	卯＋田	⊟

（续表）

偏旁 Radicals	例字 Examples	部件组合 Combinations	结构图示 Illustrations
力	加	力＋口	□□
	动	云＋力	□□
	努	奴＋力	吕
牛	物	牛＋勿	□□
	特	牛＋寺	□□

二、汉字认读与书写　Hànzì rèndú yǔ shūxiě　The Recognition and Writing of Chinese Characters

认读下列词语，并试着读写构成词语的汉字。**Recognize the following words, and try to read and write the Chinese characters forming these words.**

新老客户　　关系营销　　情感关怀

新				老				客				户			
关				系				营				销			
情				感				关				怀			

第三部分　Part 3

日常用语　*Daily Expressions*

❶ 这是我们的共同愿望。Zhè shì wǒmen de gòngtóng yuànwàng. This is our common wish.

❷ 百闻不如一见。Bǎi wén bù rú yí jiàn. Seeing is believing.

❸ 英雄所见略同！ Yīngxióng suǒ jiàn lüè tóng! Great minds think alike!

第四部分　Part 4

单元实训　*Unit Practical Training*

客户维护应用实训　kèhù wéihù yìngyòng shíxùn
Practical Training on Customer Maintenance Application

实训目的 Training purpose

了解电商平台客户维护的工作内容，掌握客户维护的基本工作方法。

To learn about the job responsibilities of customer maintenance on e-commerce platforms and master the basic methods of customer maintenance

实训组织 Training organization

每组三人，分工合作。

Three students work in each group, cooperating with a due division of labor.

实训步骤 Training steps

每组准备好智能手机，手机上安装好电商平台 APP。

Each group prepares a smart phone, which is equipped with an e-commerce platform APP.

① 组员 A 扮演客服 1，负责收集店铺客户信息，包括基本信息、一定时期内的购买金额、购买次数、客户聊天内容等，并做成表格。

Team member A role-plays the customer service 1 and is responsible for collecting the customer information of the store, including the basic information, purchase amount within a certain period, purchase frequency, what customers chat, etc, and then makes a table.

② 组员 B 扮演客服 2，负责对这些客户信息进行分析，总结客户的特点。

Team member B role-plays the customer service 2 and is responsible for analyzing customer information and summarizing customer characteristics.

③ 组员 C 扮演顾客，模拟不同类型的客户与组员 A、组员 B 进行对话。

Team member C role-plays the customer, simulating different types of customers to have dialogues with team members A and B.

④ 教师对各组的实施情况进行点评。

The teacher comments on the performance of each group.

第五部分 Part 5

单元小结 *Unit Summary*

词语
cíyǔ
Vocabulary

普通词语 General Vocabulary

1.	建立	jiànlì	v.	establish
2.	保持	bǎochí	v.	maintain
3.	双方	shuāngfāng	n.	both sides
4.	利益	lìyì	n.	interest
5.	感情	gǎnqíng	n.	emotion
6.	维系	wéixì	v.	keep, maintain
7.	追求	zhuīqiú	v.	pursue
8.	目标	mùbiāo	n.	goal
9.	战略	zhànlüè	n.	strategy
10.	意义	yìyì	n.	significance
11.	因此	yīncǐ	conj.	therefore
12.	首先	shǒuxiān	pron.	first

13.	收集	shōují	v.	collect
14.	个性化	gèxìnghuà	v.	personalize
15.	总结	zǒngjié	v.	summarize
16.	电话	diànhuà	n.	telephone
17.	短信	duǎnxìn	n.	SMS

专业词语　Specialized Vocabulary

1.	新老客户	xīn lǎo kèhù	phr.	new and existing customers
2.	关系营销	guānxì yíngxiāo	phr.	relationship marketing
3.	数据库	shùjùkù	n.	database
4.	日常业务	rìcháng yèwù	phr.	daily business
	日常	rìcháng	adj.	daily
5.	诉求	sùqiú	n.	demand
6.	会员群	huìyuánqún	n.	membership group
7.	情感关怀	qínggǎn guānhuái	phr.	emotional care
	情感	qínggǎn	n.	emotion
	关怀	guānhuái	v.	care

补充专业词语　Supplementary Specialized Vocabulary

1.	短信营销	duǎnxìn yíngxiāo	phr.	SMS marketing
2.	电话回访	diànhuà huífǎng	phr.	follow-up telephone call
3.	站内营销	zhàn nèi yíngxiāo	phr.	on-site marketing
4.	礼品赠送	lǐpǐn zèngsòng	phr.	gift giving
5.	会员制营销	huìyuánzhì yíngxiāo	phr.	membership marketing
6.	群发工具	qúnfā gōngjù	phr.	mass-sending tool
7.	用户群体	yònghù qúntǐ	phr.	user group
8.	忠诚客户	zhōngchéng kèhù	phr.	loyal customer
9.	口碑效应	kǒubēi xiàoyìng	phr.	word-of-mouth effect
10.	良性循环	liángxìng xúnhuán	phr.	virtuous circle

句子　Sentences

1. 电商的客户维护是指电商客服通过一定的途径与顾客建立并保持良好的关系。
2. 客户维护包括双方利益关系和感情关系的维系，它是售后服务追求的目标。
3. 客户维护对网上店铺的竞争力有重要的战略意义，因此要针对不同的新老客户进行客户关系营销。
4. 我们材质非常好，衣服是冰蚕丝面料，有质感又特别舒服。
5. 忠诚客户是指那些持续关注并且购买企业产品或者服务的顾客。

附录　Appendixes

词语总表　Vocabulary

序号	生词	拼音	词性	词义	普通 G/专业 S	所属单元
1	安抚	ānfǔ	v.	soothe, pacify	G	8B
2	按	àn	prep.	based on	G	4A
3	按期收货	ànqī shōuhuò	phr.	take the delivery of goods on time	S	9
4	把握	bǎwò	v.	grasp	G	3A
5	保持	bǎochí	v.	maintain	G	10A
6	保障	bǎozhàng	n.	guarantee	G	8A
7	保证成交法	bǎozhèng chéngjiāo fǎ	phr.	guarantee transaction method	S	3
8	备注	bèizhù	n.	remarks	S	7
9	表达	biǎodá	v.	express	G	3B
10	补偿金钱	bǔcháng jīnqián	phr.	compensate money	S	8
11	不满	bùmǎn	adj.	dissatisfied	G	5B
12	不能	bù néng	phr.	cannot	G	5B
13	不同	bù tóng	phr.	different	G	4B
14	部分	bùfen	n.	part	G	5B
15	部门	bùmén	n.	department	S	1B
16	材质	cáizhì	n.	material	S	6B
17	采取	cǎiqǔ	v.	take	G	4B
18	采用	cǎiyòng	v.	adopt	G	4B
19	仓库	cāngkù	n.	warehouse	S	7
20	差评	chàpíng	n.	negative review	S	5
21	产地	chǎndì	n.	place of origin	S	6B
22	产品规格	chǎnpǐn guīgé	phr.	product specification	S	9
23	沉默型	chénmòxíng	phr.	silent type	S	4B
24	承担	chéngdān	v.	bear, undertake	G	1A
25	承上启下	chéngshàng-qǐxià	phr.	form a connecting link between the preceding and the following	G	1B
26	程度	chéngdù	n.	degree	S	6A
27	澄清	chéngqīng	v.	clarify	G	8B
28	持久性	chíjiǔxìng	n.	durability	S	6A
29	重新	chóngxīn	adv.	again	G	7B
30	出售	chūshòu	v.	sell	S	9A

（续表）

序号	生词	拼音	词性	词义	普通G/专业S	所属单元
31	初级买家	chūjí mǎijiā	phr.	junior buyer	S	4A
32	处境	chǔjìng	n.	situation	G	2B
33	处理	chǔlǐ	v.	handle	S	1A
34	传播	chuánbō	v.	spread	G	9A
35	传递者	chuándìzhě	n.	transmitter	S	1B
36	从众成交法	cóngzhòng chéngjiāo fǎ	phr.	conformity with the majority transaction method	S	3
37	促成	cùchéng	v.	help to bring about	S	1B
38	促成订单	cùchéng dìngdān	phr.	help to bring about an order	S	1B
39	催单	cuī dān	phr.	payment reminder	S	3
40	达标级	dábiāojí	n.	standard level	S	9
41	答疑	dáyí	v.	answer questions	S	1B
42	打包客服	dǎbāo kèfú	phr.	packaging customer service	S	1
43	大数据	dàshùjù	n.	big data	S	5
44	但	dàn	conj.	but	G	5A
45	当	dāng	prep.	when	G	7B
46	当作	dàngzuò	v.	regard as	G	2B
47	导购客服	dǎogòu kèfú	phr.	shopping guide customer service	S	1
48	到货	dàohuò	v.	arrival of goods	S	7A
49	等等	děng děng	phr.	so on	G	6B
50	地址	dìzhǐ	n.	address	S	7B
51	点击分析模型	diǎnjī fēnxī móxíng	phr.	click analysis model	S	4
52	电话	diànhuà	n.	telephone	G	10B
53	电话回访	diànhuà huífǎng	phr.	follow-up telephone call	S	10
54	电话客服	diànhuà kèfú	phr.	telephone customer service	S	1
55	订单号	dìngdānhào	n.	order number	S	7
56	短信	duǎnxìn	n.	SMS	G	10B
57	短信营销	duǎnxìn yíngxiāo	phr.	SMS marketing	S	10
58	对	duì	prep.	on, concerning	G	1B
59	对话	duìhuà	v.	hold a dialogue	G	3A
60	发错货	fācuò huò	phr.	wrong delivery	S	7B
61	发展	fāzhǎn	v.	develop	S	8A
62	方案	fāng'àn	n.	proposal, plan	G	8B
63	防水	fángshuǐ	v.	be waterproof	S	6

（续表）

序号	生词	拼音	词性	词义	普通 G/专业 S	所属单元
64	服务认证	fúwù rènzhèng	phr.	service certification	S	9
65	付款	fùkuǎn	v.	pay	S	7A
66	负责	fùzé	v.	be responsible for	G	1B
67	感觉	gǎnjué	v.	feel	G	3B
68	感情	gǎnqíng	n.	emotion	G	10A
69	搞清楚	gǎo qīngchu	phr.	make clear	G	8B
70	告诉	gàosu	v.	tell	G	7B
71	个性化	gèxìnghuà	v.	personalize	G	10B
72	个性化服务	gèxìnghuà fúwù	phr.	personalized service	S	6
73	各种	gèzhǒng	pron.	all kinds of	G	1A
74	跟踪	gēnzōng	v.	track, follow (up)	S	8B
75	工具	gōngjù	n.	tool	S	1A
76	工作	gōngzuò	n.	work	G	1A
77	公平性	gōngpíngxìng	n.	equality	S	5B
78	沟通	gōutōng	v.	communicate	S	1A
79	购物心理	gòuwù xīnlǐ	phr.	shopping psychology	S	2A
80	关怀	guānhuái	v.	care	S	10B
81	关系	guānxì	n.	relationship	S	4A
82	关系营销	guānxì yíngxiāo	phr.	relationship marketing	S	10A
83	关心	guānxīn	v.	care about	G	6B
84	光感检测技术	guānggǎn jiǎncè jìshù	phr.	light sensing detection technology	S	6
85	规格	guīgé	n.	specification	S	6B
86	规则	guīzé	n.	rule	S	2A
87	国家	guójiā	n.	country	G	1A
88	还是	háishi	adv.	still	G	5A
89	和气型	héqìxíng	phr.	amiable type	S	4B
90	后	hòu	n.	later time	G	7A
91	后台管理员	hòutái guǎnlǐyuán	phr.	backend administrator	S	9
92	欢迎语	huānyíngyǔ	phr.	welcome speech	S	3
93	换位思考	huànwèi sīkǎo	phr.	put oneself in sb. else's shoes	S	8B
94	回访	huífǎng	v.	visit (a patient, customer) again	S	8B
95	回应	huíyìng	v.	respond	G	7A
96	会	huì	aux.	be likely to	G	5A

（续表）

序号	生词	拼音	词性	词义	普通G/专业S	所属单元
97	会员群	huìyuánqún	n.	membership group	S	10B
98	会员制营销	huìyuánzhì yíngxiāo	phr.	membership marketing	S	10
99	或者	huòzhě	conj.	or	G	7B
100	机不可失法	jībùkěshī fǎ	phr.	now-or-never chance method	S	3
101	积极	jījí	adj.	positive	G	3B
102	基本	jīběn	adj.	basic	G	2B
103	基于	jīyú	prep.	based on	G	1A
104	及	jí	conj.	*used to join two or more nouns or noun phrases*	G	1A
105	及时	jíshí	adv.	promptly	G	7A
106	技能	jìnéng	n.	skill	G	2A
107	技巧	jìqiǎo	n.	skill	G	3B
108	家	jiā	q.	*a measure word for families/ enterprises*	G	7A
109	假货	jiǎ huò	phr.	counterfeit product	S	5
110	价值	jiàzhí	n.	value	S	9A
111	坚持	jiānchí	v.	adhere to	G	5B
112	肩负	jiānfù	v.	shoulder, take on	G	1B
113	检测报告	jiǎncè bàogào	phr.	testing report	S	6
114	建立	jiànlì	v.	establish	G	10A
115	建议	jiànyì	n.	suggestion	G	1B
116	将	jiāng	prep.	*used to introduce the object before the verb*	G	1B
117	降价	jiàng//jià	v.	reduce the price	S	5B
118	骄傲型	jiāo'àoxíng	phr.	proud type	S	4B
119	较	jiào	adv.	comparatively	G	1B
120	阶段	jiēduàn	n.	stage	G	8B
121	解答	jiědá	v.	answer	S	1A
122	解决问题	jiějué wèntí	phr.	solve a problem	S	3B
123	解释	jiěshì	v.	explain	G	8B
124	介绍	jièshào	v.	introduce	G	6B
125	金额	jīn'é	n.	amount of money	S	7
126	谨小慎微型买家	jǐnxiǎo-shènwēi xíng mǎijiā	phr.	cautious buyer	S	4
127	抗压能力	kàngyā nénglì	phr.	anti-pressure ability, resilience	S	2

（续表）

序号	生词	拼音	词性	词义	普通 G/专业 S	所属单元
128	客户关系	kèhù guānxì	phr.	customer relationship	S	4A
129	客户信任事件	kèhù xìnrèn shìjiàn	phr.	customer trust event	S	4
130	客户选购事件	kèhù xuǎngòu shìjiàn	phr.	customer selective purchase event	S	4
131	客户意向	kèhù yìxiàng	phr.	customer's intention	S	3A
132	口碑	kǒubēi	n.	word of mouth	S	9A
133	口碑效应	kǒubēi xiàoyìng	phr.	word-of-mouth effect	S	10
134	快速响应	kuàisù xiǎngyìng	phr.	rapid response	S	2A
135	拉伸断裂强度	lāshēn duànliè qiángdù	phr.	tensile strength	S	6
136	来回	láihuí	v.	make a round trip	G	7B
137	老练买家	lǎoliàn mǎijiā	phr.	experienced buyer	S	4A
138	唠叨型	láodaoxíng	phr.	nagging type	S	4B
139	类似	lèisì	adj.	similar	G	6B
140	礼貌待客	lǐmào dài kè	phr.	treat customers politely	S	3B
141	礼品赠送	lǐpǐn zèngsòng	phr.	gift giving	S	10
142	理论	lǐlùn	n.	theory	G	2A
143	理智型买家	lǐzhìxíng mǎijiā	phr.	rational buyer	S	4
144	力求	lìqiú	v.	strive	G	8B
145	利益	lìyì	n.	interest	G	10A
146	联系人	liánxìrén	n.	contact person	S	7B
147	良好	liánghǎo	adj.	good	G	2A
148	良性	liángxìng	adj.	beneficial, good	S	8A
149	良性发展	liángxìng fāzhǎn	phr.	healthy development	S	8A
150	良性循环	liángxìng xúnhuán	phr.	virtuous circle	S	10
151	漏发	lòu fā	phr.	missed delivery	S	1
152	满意度	mǎnyìdù	n.	satisfaction	S	8A
153	满足	mǎnzú	v.	meet, satisfy	G	6A
154	描述	miáoshù	v.	describe	G	6B
155	秒杀活动	miǎoshā huódòng	phr.	flash sale activity	S	4
156	明码标价	míngmǎ biāojià	phr.	(of goods) clearly priced	S	5A
157	目标	mùbiāo	n.	goal	G	10A
158	目的	mùdì	n.	purpose	G	3A
159	那里	nàlǐ	pron.	there	G	3A
160	耐心	nàixīn	adj.	patient	S	1

（续表）

序号	生词	拼音	词性	词义	普通 G/专业 S	所属单元
161	耐心等待	nàixīn děngdài	phr.	wait patiently	S	1
162	耐心对话	nàixīn duìhuà	phr.	make a conversation patiently	S	3B
163	内部	nèibù	n.	inside, interior	G	1B
164	年龄	niánlíng	n.	age	G	4A
165	您	nín	pron.	(honorific) you	G	3B
166	判定责任	pàndìng zérèn	phr.	determine the responsibility	S	8
167	判断	pànduàn	v.	judge	G	3A
168	品牌形象	pǐnpái xíngxiàng	phr.	brand image	S	5B
169	平台规则	píngtái guīzé	phr.	platform rule	S	2A
170	评价	píngjià	v.	evaluate, appraise	S	9B
171	破坏	pòhuài	v.	destroy	G	5B
172	企业	qǐyè	n.	enterprise	G	1B
173	企业实力	qǐyè shílì	phr.	strength of an enterprise	S	9
174	起	qǐ	v.	play (a part/role)	G	1B
175	倾听	qīngtīng	v.	listen	G	8A
176	情感	qínggǎn	n.	emotion	S	10B
177	情感关怀	qínggǎn guānhuái	phr.	emotional care	S	10B
178	情绪	qíngxù	n.	emotion	G	8B
179	全心全意	quánxīn-quányì	phr.	wholeheartedly	G	3B
180	群发工具	qúnfā gōngjù	phr.	mass-sending tool	S	10
181	人工智能	réngōng zhìnéng	phr.	AI (artificial intelligence)	S	5
182	人群	rénqún	n.	group of people, crowd	S	6A
183	人员	rényuán	n.	personnel	S	1A
184	认可	rènkě	v.	recognize, accept	G	9A
185	认可度	rènkědù	n.	recognition	S	5A
186	认证体系	rènzhèng tǐxì	phr.	certification system	S	9
187	日常	rìcháng	adj.	daily	S	10B
188	日常业务	rìcháng yèwù	phr.	daily business	S	10B
189	如果	rúguǒ	conj.	if	G	5B
190	商品安装	shāngpǐn ānzhuāng	phr.	installation of a commodity	S	2
191	商品尺码	shāngpǐn chǐmǎ	phr.	size of a commodity	S	2
192	商品破损	shāngpǐn pòsǔn	phr.	damaged goods	S	9
193	商品使用	shāngpǐn shǐyòng	phr.	commodity use	S	2

（续表）

序号	生词	拼音	词性	词义	普通 G/ 专业 S	所属 单元
194	商品形状	shāngpǐn xíngzhuàng	phr.	shape of a commodity	S	2
195	少	shǎo	adj.	less, few	G	3B
196	设身处地	shèshēn-chǔdì	phr.	put oneself in sb.'s place	G	2B
197	社交软件	shèjiāo ruǎnjiàn	phr.	social software	S	1
198	涉及	shèjí	v.	involve	G	2A
199	实惠多多	shíhuì duōduō	phr.	a lot of benefits	S	1
200	实践	shíjiàn	v.	practice	G	2A
201	实现	shíxiàn	v.	realize, achieve	G	6A
202	食品级	shípǐnjí	n.	food grade	S	5
203	使用寿命	shǐyòng shòumìng	phr.	service life	S	6
204	适用范围	shìyòng fànwéi	phr.	scope of application	S	2
205	收到	shōudào	phr.	receive	G	7B
206	收集	shōují	v.	collect	G	10B
207	手	shǒu	n.	hand	G	7A
208	首先	shǒuxiān	pron.	first	G	10B
209	受理	shòulǐ	v.	accept and handle	S	1A
210	售后服务	shòuhòu fúwù	phr.	after-sales service	S	1B
211	售后评价	shòuhòu píngjià	phr.	after-sales evaluation	S	5
212	疏忽	shūhu	v.	neglect	S	1
213	树立	shùlì	v.	establish	G	3B
214	数据库	shùjùkù	n.	database	S	10B
215	双方	shuāngfāng	n.	both sides	G	10A
216	说话	shuō//huà	v.	speak	G	3A
217	说明	shuōmíng	v.	indicate	G	5A
218	送到	sòngdào	phr.	send	G	7A
219	诉求	sùqiú	n.	demand	S	10B
220	素质	sùzhì	n.	quality	S	2A
221	虽然	suīrán	conj.	although	G	5A
222	随意	suíyì	adj.	random, at will	G	5B
223	损害	sǔnhài	v.	damage	G	5B
224	所	suǒ	part.	*used before a verb followed by a noun-receiver of the action*	G	9A
225	他们	tāmen	pron.	they, them	G	1B
226	态度	tàidù	n.	attitude	G	3B

序号	生词	拼音	词性	词义	普通 G/专业 S	所属单元
227	贪婪型买家	tānlánxíng mǎijiā	phr.	greedy buyer	S	4
228	讨价还价	tǎojià-huánjià	phr.	bargain	S	5A
229	套餐优惠	tàocān yōuhuì	phr.	package discount	S	8
230	特别折扣	tèbié zhékòu	phr.	special discount	S	8
231	特点	tèdiǎn	n.	feature	S	6B
232	特性	tèxìng	n.	characteristic	S	6B
233	提出	tíchū	v.	put forward	G	1B
234	提高	tígāo	v.	improve	G	5A
235	体会	tǐhuì	v.	learn from experience	G	2B
236	同理心	tónglǐxīn	n.	empathy	S	2B
237	投诉	tóusù	v.	complain	S	1A
238	投诉客服	tóusù kèfú	phr.	complaint customer service	S	1
239	途径	tújìng	n.	way, approach	G	9A
240	推广客服	tuīguǎng kèfú	phr.	promotion customer service	S	1
241	推脱责任	tuītuō zérèn	phr.	shirk the responsibility	S	8
242	退换货	tuì-huànhuò	v.	return or exchange of goods	S	7A
243	VIP 权益	VIP quányì	phr.	VIP rights and interests	S	8
244	VIP 型买家	VIP xíng mǎijiā	phr.	VIP buyer	S	4
245	完成销售	wánchéng xiāoshòu	phr.	complete the sale	S	1B
246	网购	wǎnggòu	v.	shop online	S	4A
247	网红产品事件	wǎnghóng chǎnpǐn shìjiàn	phr.	trendy product event	S	4
248	网站	wǎngzhàn	n.	website	S	1B
249	维护	wéihù	v.	maintain	G	4A
250	维系	wéixì	v.	keep, maintain	G	10A
251	为	wèi	prep.	for	G	3B
252	我	wǒ	pron.	I, me	G	3B
253	无理由退换货	wú lǐyóu tuì-huànhuò	phr.	unconditional returns and exchanges	S	7
254	无条件	wútiáojiàn	v.	be unconditional	G	5B
255	物流跟踪	wùliú gēnzōng	phr.	logistics tracking	S	9B
256	项	xiàng	m.	*a measure word for itemized things*	G	3B
257	消费	xiāofèi	v.	consume	S	4B
258	消费意愿	xiāofèi yìyuàn	phr.	consumption willingness	S	4B
259	协调	xiétiáo	v.	coordinate	S	9B

（续表）

序号	生词	拼音	词性	词义	普通 G/ 专业 S	所属 单元
260	协调发货	xiétiáo fāhuò	phr.	coordinate delivery	S	9B
261	心理	xīnlǐ	n.	psychology	S	2A
262	心理素质	xīnlǐ sùzhì	phr.	psychological quality	S	2A
263	新老客户	xīn lǎo kèhù	phr.	new and existing customers	S	10A
264	新手买家	xīnshǒu mǎijiā	phr.	novice buyer	S	4A
265	信用卡额度	xìnyòngkǎ édù	phr.	credit limit	S	5
266	星级	xīngjí	n.	star level	S	9
267	行为事件分析	xíngwéi shìjiàn fēnxī	phr.	behavioral event analysis	S	4
268	行为准则	xíngwéi zhǔnzé	phr.	code of conduct	S	8B
269	形象	xíngxiàng	n.	image	S	5B
270	性格	xìnggé	n.	personality	G	3A
271	性能	xìngnéng	n.	performance	S	6A
272	需求点	xūqiúdiǎn	n.	demand point	G	6B
273	询问	xúnwèn	v.	inquire	G	3A
274	询问式	xúnwènshì	n.	inquiring tone	G	3A
275	颜色	yánsè	n.	colour	S	6B
276	要求	yāoqiú	v.	require	G	2B
277	要求	yāoqiú	n.	requirement	G	6A
278	业务	yèwù	n.	business	S	1A
279	一线	yīxiàn	n.	front line	S	1A
280	依赖	yīlài	v.	rely on	G	1B
281	一问一答	yí wèn yì dá	phr.	question-and-answer	G	4B
282	一系列	yíxìliè	adj.	a series of	G	9B
283	疑问	yíwèn	n.	question, doubt	G	9B
284	以后	yǐhòu	n.	being after	G	9A
285	议价	yìjià	v.	bargain	S	3
286	意见	yìjiàn	n.	opinion	G	1B
287	意向	yìxiàng	n.	intention	S	3A
288	意义	yìyì	n.	significance	G	10A
289	意愿	yìyuàn	n.	willingness	S	4B
290	因此	yīncǐ	conj.	therefore	G	10A
291	引导话术	yǐndǎo huàshù	phr.	guiding verbal skills	S	3
292	应对	yìngduì	v.	deal with	S	5A

（续表）

序号	生词	拼音	词性	词义	普通 G/专业 S	所属单元
293	用户行为路径分析	yònghù xíngwéi lùjìng fēnxī	phr.	user behavior path analysis	S	4
294	用户画像分析	yònghù huàxiàng fēnxī	phr.	user profile analysis	S	4
295	用户名	yònghùmíng	n.	user name	S	7
296	用户群体	yònghù qúntǐ	phr.	user group	S	10
297	用户账户	yònghù zhànghù	phr.	user account	S	9
298	优惠成交法	yōuhuì chéngjiāo fǎ	phr.	preferential transaction method	S	3
299	与众不同	yǔzhòngbùtóng	phr.	unusual, out of the ordinary	G	6B
300	语气	yǔqì	n.	tone, manner of speaking	G	3A
301	语言沟通能力	yǔyán gōutōng nénglì	phr.	verbal communication skill	S	2A
302	语音交流	yǔyīn jiāoliú	phr.	voice communication	S	6
303	预算	yùsuàn	n.	budget	S	5
304	原则	yuánzé	n.	principle	S	5B
305	远红外线	yuǎnhóngwàixiàn	n.	far infrared ray	S	6
306	咱们	zánmen	pron.	we (including both the speaker and the person/persons spoken to)	G	3B
307	责任心	zérènxīn	n.	sense of responsibility	S	2B
308	赠品	zèngpǐn	n.	complimentary gift, freebie	S	5
309	赠送礼品	zèngsòng lǐpǐn	phr.	give a gift	S	8
310	战略	zhànlüè	n.	strategy	G	10A
311	站内营销	zhàn nèi yíngxiāo	phr.	on-site marketing	S	10
312	真实案例	zhēnshí ànlì	phr.	real case	S	8
313	真正	zhēnzhèng	adj.	real	G	8B
314	之间	zhījiān	n.	between, among	G	5B
315	支付宝	zhīfùbǎo	n.	Alipay	S	7
316	知识	zhīshi	n.	knowledge	G	2A
317	指	zhǐ	v.	refer to	G	6A
318	中	zhōng	n.	in	G	7A
319	忠诚度	zhōngchéngdù	n.	loyalty	S	9A
320	忠诚客户	zhōngchéng kèhù	phr.	loyal customer	S	10
321	众多	zhòngduō	adj.	many	G	6B
322	重任	zhòngrèn	n.	heavy responsibility	G	1B
323	主要	zhǔyào	adj.	main	G	1B
324	专业	zhuānyè	n.	specialized profession	G	2A

（续表）

序号	生词	拼音	词性	词义	普通 G/专业 S	所属单元
325	追求	zhuīqiú	v.	pursue	G	10A
326	准确	zhǔnquè	adj.	accurate	G	3A
327	自控力	zìkònglì	n.	self-control	S	2B
328	自行	zìxíng	adv.	on one's own	S	4A
329	自行下单	zìxíng xiàdān	phr.	place an order on one's own	S	4A
330	字	zì	n.	character	G	3B
331	总结	zǒngjié	v.	summarize	G	10B
332	组成	zǔchéng	v.	compose	G	8A
333	遵循	zūnxún	v.	follow	G	8B
334	作用	zuòyòng	n.	function, role	G	1B

电子商务客服常用服务语 100 句
100 Common Service Expressions for E-Commerce Customer Service

1. 亲，有什么可以帮助您的吗？

2. 亲，非常抱歉，我们的疏忽给您造成了不便，我们对此深表歉意。

3. 亲，欢迎光临 ××× 旗舰店。今日全场最高省 500 元，有手机、手机壳、照相机等产品参加活动，实惠多多。

4. 这款产品参加聚划算活动，原价 4000 元，现价只需要 3555 元，活动仅限今天！

5. 您可以看一下儿订单中生成的快递信息，准确时间是无法确定的，在详情页告知区域范围内是 3～5 天，请您耐心等待。

6. 尊敬的会员，您好久没来啦，店铺上了一批新品，我给您整理了几款宝贝，等您挑选。

7. 我们承担运费，您寄回，我们换一件新的给您。给您造成了不愉快的体验，我们感到很抱歉，也请您给我们一个改进的机会。

8. 如因产品质量问题引起的退换货，本店承担来回运费。

9. 这款产品今天限时特惠，下单在原有满 4000 减 200 基础上优惠 100 元，机会难得。

10. 这款产品正在参加活动，买二送一，您下单两份，我们给您发三份。

11. 您可以看一下儿详情页规格。

12. 这款桌子是圆形的。

13. 这款奶粉是专门为刚出生 1 个月的宝宝准备的。

14. 我们家空调都有专人上门安装。

15. 这款折叠椅的使用说明书在箱子里。

16. 请问您有什么日常需求呢？

17. 请您耐心等待。

18. 这款商品是上新产品。

19. 我们会按下单顺序抓紧发货。

20. 亲，一般我们商品 3～5 天能到，请您耐心等待！

21. 亲，这款手表今天有优惠活动。

22. 这款咖啡机您购买后我们将承诺质保 3 年。

23. 这款桂花鸭是南京特产，这个品牌非常有名。

24. 这款打印机今天直播间有活动，满 1000 减 200。

25. 亲，这款产品参与淘金币、聚划算等活动，折扣多多！

26. 亲，推荐您一款粉色的运动鞋，比较时尚，是今年的新款！

27. 亲，这款笔记本电脑拥有最新款 I7 处理器，价格在 5000～6000 元，性价比很高！

28. 亲，这款产品现在在优惠期间，我们参加了平台的保价活动。只要价格过高，就会给您办理保价。

29. 亲，这是生鲜类产品，不支持 7 天无理由退货，您只需要选择"退款不退货"就可以了。

30. 亲，这款是数字操作微波炉，可以利用数字按键来选择您要进行的操作。

31. 亲，这款产品是我们家旧款，已经不生产了，您可以看一下儿我们家新推出的洗衣机。

32. 亲，这款产品是国际知名运动品牌，质量有保证。

33. 亲，我们支持 PayPal 等第三方支付 APP。

34. 您好，这款产品非常适合年轻人。

35. 亲，这款产品今天有活动，但是仅限第一次来我们店购买的客户哦！

36. 亲，这款产品最近参加店铺产品满 1000 减 200 活动，欢迎选购。

37. 亲，这款产品是在直播间参加秒杀活动，您可以去参加！

38. 亲，这款洗衣机销量很高！是我们家主打品牌，3 年质保，您如果购买后有问题可以及时与客服联系，我们将竭诚为您服务。

39. 亲，这款产品是可以拆分的！您看下儿我们家另外一个链接，您可以点击购买！

40. 我们家有一款可以推荐给您，销量很高哦！

41. 亲，非常感谢您的光临，这款产品价格已经是最低了。

42. 同等产品没有比我们更优惠的了，不然也不会有那么多的回头客，您放心下单吧。

43. 亲，他家产品是比我家便宜，但我们品质不一样。

44. 我们家产品采用的是食品级安全材料，耐高温，给宝宝用起来更放心呢！

45. 亲，我们家价格确实比较高，但产品效果那是没说的，您看看评价。

46. 亲，您知道现在假货很多吧？成本都差不多，为什么他家这么便宜呢？

47. 亲，一分价钱一分货，您可以看看别家的差评，您就知道价格为什么比我们便宜了。

48. 我们家现在有活动，买两个打 8 折，您可以给家人也带一个。

49. 您仔细考虑一下儿，我相信您不会为了钱牺牲宝宝健康的，对吧？

50. 您算算，一天只要一杯奶茶的钱，就可以让您更年轻美丽。

51. 亲，我们的每一件产品都是经过上海质量检测中心检测的，都有检测报告，请您放心。

52. 亲，按照您的身高、体重，建议您穿 M 码。

53. 请您放心，如果尺码不合适，可以调换。

54. 这款产品采用的是优质电机，性能非常稳定。

55. 电吹风一般 3 ～ 5 年的使用寿命，我家这款用 5 年没问题。

56. 这款洗衣机有五种洗衣模式，带烘干功能，还有人工智能功能，能跟您语音交流。

57. 这件衣服最大的特点是面料，全棉加莱卡，透气还不容易起皱。

58. 亲，这款衣服材质是冰蚕丝的，穿上舒适透气。

59. 这款产品是深度防水的，下大雨淋湿了都能正常使用。

60. 这款产品有三个颜色，白色卖得最好，很百搭。

61. 亲，16 点前支付的订单当天发货，16 点之后第二天发货。

62. 亲，快递一般 2 ～ 3 天到达，节假日会有延迟！

63. 本店支持 7 天无理由退换货，请您点击"申请售后"。

64. 您好，请问您所购买产品的订单号是多少？

65. 我马上帮您查询一下儿订单的物流情况，请稍等。

66. 亲，让您久等了。您的订单还没有发货，真的十分抱歉。

67. 我刚才给您查询过了，您的订单已经发货，现在正在路上。

68. 您可以点击订单下面的"查看物流"，实时掌握它的动态。

69. 真是很抱歉，这款产品最近卖得太火爆了，仓库已经没有货了。

70. 请您放心，工厂已经在加班生产，很快就能给您发货了，恳请您理解。

71. 亲，请您不要着急，我非常理解您的心情，我们一定会竭尽全力为您解决的。

72. 亲，您是否可以告诉我您的具体问题是什么呢？您的意思是这样，对吧？

73. 亲，这个确实是我们发货人员的过失，麻烦您填写退货申请，把货寄回。我们收到货的时候，会在当天或者隔天给您重新发出。

74. 亲，能不能麻烦您拍个照片？我们看一下儿发给您的是什么货。假如货品发错，我们将会承担全部责任。

75. 亲，您生气我能理解，换成是我，也会和您有一样的感受。

76. 亲，这个套餐优惠是提供给您的 VIP 权益，您可以更好地享受服务。

77. 亲，您是长期支持我们的老客户了，我们对您的意见是非常重视的。

78. 给您添麻烦了，我会尽快将您的意见进行反馈。

79. 十分抱歉，给您带来不便了，我们马上为您处理问题，请您放心。

80. 您的心情我们非常理解，我马上为您核实处理。

81. 亲！在的哦！有什么需要帮忙的，请说。

82. 请问您方便说一下儿具体情况吗？我给您记录后尽快处理，感谢您的配合。

83. 请您放心，如果确实是我们的问题造成的，我们一定会给您一个满意的答复。

84. 很抱歉之前给您带来不好的感受，请问您的问题解决了吗？

85. 非常抱歉给您造成不便，请您稍等，我们马上帮您处理一下儿。

86. 您的满意是我们的追求，感谢您对我们的支持与理解。

87. 感谢您的反馈，这个事情也是我们店铺非常重视的问题。如果您有更好的建议，可以随时提供给我们。

88. 感谢您对我们店铺的支持，希望您以后能一如既往支持我们。

89. 非常抱歉给您造成了不便，我的心情跟您一样。

90. 请您先消消气，给我几分钟时间给您说一下儿这个原因，可以吗？

91. 亲，您现在方便接电话吗？我今天打电话给您是想跟您确认一下儿，昨天是否收到了我给您的短信。

92. 亲，您好！最近本店在做一个买就送的活动，您可以看一下儿。

93. 您好，上次的事情我这样处理，您觉得满意吗？请问您还有什么需要我为您做的吗？

94. 对于这次事情造成的误会，我们深感抱歉，类似事情不会再次发生了，谢谢您的体谅，感谢您对我们店铺的支持！

95. 您对我们的服务有什么意见或者建议吗？谢谢您的宝贵意见，感谢您对我们工作的支持，再见！

96. 王先生，您好！这次冒昧打扰您，就是想做一次回访。

97. 感谢您的支持和理解，为了感谢您对回访的配合，小店将免费把您升级为店铺 VIP，今后您在小店购物可享受九折优惠。

98. 亲，您之前购买的按摩椅已经使用了一段时间了，请问效果怎么样呢？

99. 亲，有没有什么相关的建议可以帮助小店改进呢？

100. 亲，您好！非常感谢您以往对我们小店的支持，现在店铺正在开展感恩特惠活动，全场五折起，您是我们老客户了，请您一定不要错过。

视频脚本　Video Scripts

第一单元　认识客服

一、热身

小机器人：电子商务客服主要的工作业务有客户咨询（价格、物流）解答、订单业务受理、产品推广、处理纠纷和投诉等，负责客户答疑、促成订单、店铺推广、完成销售、售后服务等。

三、视听说

A：师傅，电子商务客服在哪些领域有应用？

B：应用领域非常地广泛，涉及人们生活的方方面面，日常生活的衣食住行都包括在其中。比如旅行服务行业、食品、家电、服装、数码、生鲜、家具、美妆、汽车等等。

A：那真是无处不在呀！

四、学以致用

小机器人：电子商务客户服务的岗位是基于互联网的一种客户服务工作，它根据工作内容分为不同的岗位。比如电话客服的职责就是通过社交软件、电话，解答买家问题，导购客服专门帮助买家更好地挑选商品，投诉客服主要负责处理客户投诉，推广客服专门负责网店的营销与推广，打包客服专门负责帮店长打包商品。

第二单元　素质要求

一、热身

小机器人：客服需要有的素质包括了解客户购物心理的能力、迅速响应能力、心理抗压能力和语言沟通能力。客服要知道常见的客户购物心理有求实心理、求美心理和求名心理。语言沟通能力是指在与客户交流的过程中，不要轻易用"肯定""保证""绝对"等词语。心理抗压能力是说网店客服人员要善于反思，自我调整、自我掌控情绪。迅速响应能力是指对客户的问题及时响应，因为如果等待时间过长，性子急的客户可能直接就走了。

三、视听说

A：主管，对于"商品尺码"怎么介绍？

B：亲，您可以看一下儿详情页规格，一般会比正常商品长 3 ～ 5cm。

A：主管，对于"商品形状"怎么介绍？

B：亲，这款桌子是圆形的，适合一家人一起吃饭。

A：主管，对于"商品适用范围"怎么介绍？

B：亲，这款奶粉是专门为刚出生 1 个月的宝宝准备的。

A：主管，对于"安装"怎么介绍？

B：亲，我们家空调都有专人上门安装。

A：主管，对于"商品使用"怎么介绍？

B：亲，这款折叠椅的使用说明书在箱子里，您还可以看我发给您的短视频了解一下儿。

四、学以致用

客户：我已经下单了，能保证 2 天内到吗？急着用！

客服：亲，一般我们商品 3 ～ 5 天能到，请您耐心等待哦！

客户：我买的商品为什么一直拖着没有发货？你们有没有管？

客服：亲，不好意思，由于订单暴增，我们一定按下单顺序抓紧发货，请您耐心等待。

客户：在吗？这款商品有没有优惠？

客服：亲，这款商品是上新产品，有优惠的。

客户：这款运动鞋和你们家另外一款有什么区别呀？

客服：亲，请问您有什么日常需求呢？

第三单元　工作技巧

一、热身

小机器人：客服的工作要有技巧，如理性沟通原则、为客户着想原则、尊重客户原则、信任原则。理性沟通原则体现在如果客户的行为真的很让人生气，那么客服人员需要的就是理性和冷静。为客户着想原则体现在客服人员首先要考虑如何为客户提供好的服务。尊重客户原则是永远真诚地视客户为朋友，给客户以可靠的帮助和贴心的关怀。信任原则是因为只有对方信任你，才会理解你的动机。

三、视听说

A：主管，如何使用欢迎语？

B：您好，欢迎光临。

A：主管，如何使用引导话术？

B：您主要想找一款什么样功能的机器呢？

A：主管，怎么知道客户在议价？

B：如果客户表达这个机器"感觉还不错，就是有点儿贵，能不能少一点儿啊"等意思。

A：主管，怎么进行催单？

B：亲，您是不是在拍单付款上遇到什么问题了？

四、学以致用

小机器人：电子商务客服促进成交的方法有优惠成交法、保证成交法、从众成交法、机不可失法。优惠成交法的话术：亲，这款手表今天有优惠活动，除了店铺优惠 100 元券以外，我这里再给您 50 元优惠券。保证成交法的话术：亲，这款咖啡机您购买后我们将承诺质保 3 年。从众成交法的话术：亲，这款桂花鸭是南京特产，这个品牌非常有名，您可以放心购买哦。机不可失法的话术：亲，这款打印机今天直播间有活动，满 1000 减 200，原价 1100，现价仅需 900 元。

第四单元　客户分析

一、热身

小机器人：客户有很多种类型，这里介绍四种客户类型：理智型买家、贪婪型买家、VIP 型买家、谨小慎微型买家。理智型买家原则性强，购买速度快。谨小慎微型买家会很谨慎，挑选商品的时候很慢。贪婪型买家喜欢讲价、挑剔，稍不满意就要求退货、赔偿。VIP 型买家通常很自信，认为自己很重要，自己的看法全部正确。

三、视听说

A：主管，你知道怎么通过用户行为路径分析客户吗？

B：是通过用户在 APP 或网站中的访问行为路径，即从哪个页面来、到哪个页面去来分析客户。

A：主管，你知道怎么通过用户画像分析客户吗？

B：指根据用户的属性、用户偏好、生活习惯、用户行为等信息而抽象出来的标签化用户模型来分析客户。

A：主管，你知道怎么通过行为事件分析客户吗？

B：通过追踪或记录用户行为及业务过程，如用户注册、浏览商品详情页、成功下单、退款等获得客户信息并分析客户。

A：主管，你知道怎么通过点击分析模型分析客户吗？

B：点击分析包括元素被点击的次数、占比、发生点击的用户列表、按钮的当前与历史内容等因素，以此来分析客户。

四、学以致用

小机器人：客服在与客户进行对话时，通过客户的表达，可以推断客户咨询的问题属于哪种类型。客户问题主要有网红产品事件、秒杀活动、客户信任事件、客户选购事件等。关于网红产品事件客户的表达如：这款产品最近很火，我想买。关于客户选购事件客户的表达如：这款产品能单件出售吗？我只想买上衣，不想买套装。关于客户信任事件客户的表达如：这款洗衣机靠谱儿吗？我怎么听说很多人用得不好呢？关于秒杀活动客户的表达如：这款产品什么时候有活动？我等了好久了。

第五单元　价格询问

一、热身

小机器人：有些顾客在购物的时候喜欢议价。习惯性议价的顾客不管买什么总是会问价格能不能便宜，预算型的顾客是根据自己的收入和信用卡额度来跟客服讲价，而比较型的顾客会对比各家店铺的价格，用最低价来议价。还有一种顾客是不太清楚商品的性能，带着疑问来议价。

三、视听说

A：主管，如果有顾客说别家的产品更便宜时，怎么回复？

B：你可以从产品质量、产品真伪和售后评价三个方面来说服顾客。我们家的婴儿辅食机采用食品级的安全材质，品质好，所以价格高。现在的电子产品价格已经很透明了，价格很便宜的有可能是假货。还要建议顾客看看售后评价，要买评价好的产品。

A：好的，我明白了。

四、学以致用

小机器人：顾客讨价还价的时候，客服的态度一定要诚恳、礼貌，尽量留住顾客。有些新顾客担心买贵了，客服要告诉他们产品已经是最低价了，新老顾客一样的价格。有些顾客就是觉得价格高，客服要引导他们关注产品的质量和效果，通过已有的顾客评价让他们相信物有所值。还有些顾客把价格还得很低，客服要通过与其他店铺比价的方式让顾客相信产品的价格很合理，然后采用其他促销方式来降价，如买两件打八折。

第六单元　产品性能

一、热身

小机器人：产品性能主要包括产品功能、产品质量、产品规格以及产品优势等方面。客服首先要知道店铺产品有哪些功能，能提供什么服务。其次，产品质量是顾客比较关心的，如果产品具有专业检测机构的质量检测报告，顾客就会放心购买。客服还要熟悉产品的规格，尤其是服装的尺码，能根据顾客的个体情况推荐合适的尺码。最后，客服要了解产品的优势，比如服装的面料特性。

三、视听说

A：主管，向顾客介绍产品性能时有什么要注意的吗？

B：介绍产品性能时不要用顾客听不懂的专业术语，要用简单明了的语言让顾客一听就明白。对于服装类的产品，客服要能够根据顾客的身高、体重推荐合适的尺码，顾客才会觉得你专业。对于保健品类，千万不能夸大产品功效，要告诉顾客保健品不能治愈疾病，只是辅助治疗。

A：看来我要学习的还很多。

四、学以致用

买家：这件衣服是什么材质的？

客服：亲，这款面料是蚕丝的，穿上舒适透气。

买家：蚕丝不好打理吧？

客服：洗的时候用冷水，加一些洗发水，洗完阴干就可以了。

买家：这款儿童电话手表除了定位还有其他功能吗？

客服：亲，这款产品配备了摄像头，可以进行视频通话。

买家：有防水功能吗？

客服：这款是深度防水的，下大雨淋湿了都能正常使用。

买家：这款电吹风耐用吗？

客服：请放心，这款产品采用的是优质电机，性能非常稳定。

买家：使用寿命一般多长时间？

客服：电吹风一般 3 ～ 5 年的使用寿命，我家这款用 5 年没问题。

第七单元　物流问题

一、热身

小机器人：顾客在下单前后都会咨询物流问题。下单前会问什么时候发货。店铺一般会有一个当天发货的时间点，超过时间点下单就第二天发货。有的顾客还会问什么时候能到货，客服要根据仓库和顾客的所在地把预计的到货时间告诉顾客。收到货后，顾客不满意还要申请退换货，客服要告知顾客如何进行退换货，与顾客沟通退换货物流的信息。

三、视听说

A：主管，如果有顾客催发货，怎么回复？

B：让顾客把订单号告诉你，你先帮他查询一下儿物流状态。如果物流显示订单商品已发货，就告诉顾客包裹已经在路上了，让顾客点击订单下面的"查看物流"，实时了解商品的物流信息。如果还没有物流信息，说明仓库还没有发货，那就要礼貌、诚恳地向顾客解释还没发货的原因，承诺尽快发货。

A：好的，我明白了。

四、学以致用

小机器人：买家申请退换货时要填写退换货单，与商品一起寄回。退换货单上要填写买家在平台上的账号、联系电话和地址，还要写清楚订单号和退换货的原因。买家寄回商品的快递费也要填写，因为如果是质量问题或者发错货，来回的运费都是店铺承担。如果买家还有其他一些要求，比如指定哪家快递发货，要填写在备注里。

第八单元　投诉处理

一、热身

小机器人：电子商务客服处理客户投诉的基本步骤有认真倾听、安抚情绪、及时回应、问题记录、分析原因、解决问题等。

三、视听说

电商平台客服在处理投诉时经常会采用不同的话术，这些话术给客户带来了不同的体验。在这个过程中，客户会有被尊重、被理解、被重视、能站在自己角度等感觉和切身体会。

四、学以致用

小机器人：电子商务客服中的投诉客服主要负责处理客户投诉。投诉客服在工作中应该遵循一定的行为准则，但在实际的业务操作过程中，他们的言行往往存在处理不当之处，比如不尊重客户、对产品性能不了解、对产品使用可能出现的状况不清楚、没有站在对方的角度、一味地道歉和推脱责任等。

第九单元　售后服务

一、热身

小机器人：电子商务售后客服主要的工作业务有订单审核和修改、处理客户的退换货要求、管理客户评论区、解决客户提出的投诉和维权等问题。

三、视听说

A：主管，电子商务售后客服一般会处理客户提出的哪些售后问题？

B：售后客服处理的问题非常地广泛，涉及网购的方方面面，包括产品问题、物流问题和服务问题等。比如客服态度不好、没有按期收货、产品规格不对、收货后发现商品破损、产品是假货等。

四、学以致用

小机器人：电子商务售后客服针对客户提出的退换货申请，会进行不同的操作；客户也会根据不同情况提出退换货申请。包括：一般产品到了客户手里，如果不满意，都可以申请 7 天无理由退款退货，只要符合条件，商家都会退货退款；没有收到货，或者因为特殊原因想要退货退款，经过和商家协商，不用退货只退款；一些特殊商品，如生鲜、音像制品等在购买时确认不宜退货的商品，不适用无理由退货，商家有权决定不同意退货退款。

第十单元　客户维护

一、热身

小机器人：电子商务客户维护主要的工作业务有收集客户资料（信息、注册时间）、会员等级划分（普通会员、高级会员、VIP 会员）、进行客户分类（休眠客户、一般客户、重点维护客户、活跃客户）、进行客户关系营销（采取发送邮件、电话关怀、短信营销等方式）。

三、视听说

A：师傅，电子商务客服在客户关系营销方面采用哪些方法，有什么特点？

B：方法有很多，也各有不同的特点，如短信营销、电话回访、站内营销和礼品赠送。其中，短信营销利用手机群发工具进行营销，这种方式使用成本低，用户群体更加精准，操作更加灵活，传播速度很快；电话回访是指向客户致电，回访有关对产品本身及服务态度等问题，这种方式亲切直接，可以充分表达诚意；站内营销是指建立会员群，进行会员制营销，通过群发消息、群里交流进行互动，这是目前电商使用最普遍的一种方式；赠送礼品是指向客户免费发放即将上市产品的小包装样品，这是客户比较喜欢的一种方式。

四、学以致用

小机器人：电子商务客服在进行客户维护的时候，会通过跟客户之间的聊天来分析不同类型客户的特征，比如价格敏感型、犹豫型、冲动型、贪婪型、随意型和舆论型等。

参考答案 **Reference Answers**

第一单元

一、热身

1.①B ②C ③D ④A

2.①H ②D ③A ④F

三、视听说

①B ②H ③C ④G ⑤J

四、学以致用

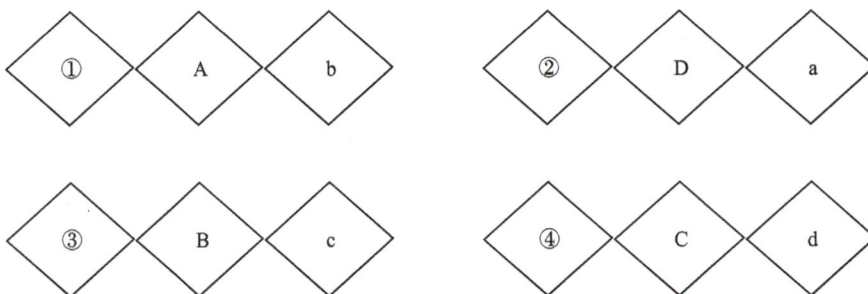

①—A—b ②—D—a ③—B—c ④—C—d

第二单元

一、热身

1.①A ②B ③C ④D

2.①D ②A ③B ④C

三、视听说

①C ②A ③B ④D ⑤E

四、学以致用

①D ②A ③B ④C

第三单元

一、热身

①B ②D ③A ④C

①A ②D ③B ④C

三、视听说

①A ②B ③D ④C

四、学以致用

①A ②D ③C ④B

第四单元

一、热身

1.①D ②B ③C ④A

2. ①A ②D ③B ④C

三、视听说
①用户行为路径分析 ②用户画像分析 ③行为事件分析 ④点击分析模型

四、学以致用
①C ②A ③B ④D

第五单元

一、热身
1. ①D ②C ③B ④A
2. ①A ②C ③D ④B

三、视听说
①B ②A ③C

四、学以致用
①A ②B ③A

第六单元

一、热身
1. ①C ②B ③D ④A
2. ①A ②C ③B ④D

三、视听说
①C ②A ③B

四、学以致用
①CF ②DA ③EB

第七单元

一、热身
1. ①C ②D ③A ④B
2. ①C ②A ③B

三、视听说
①D ②B ③E ④C ⑤A

四、学以致用

tuì-huànhuòdān 退换货单 return/exchange order					
yònghùmíng 用户名 user name	③	dìngdānhào 订单号 order No.	④		
liánxì diànhuà 联系 电话 phone number	①	dìzhǐ 地址 address	⑦		
tuì-huànhuò yuányīn 退换货 原因 reason	⑤				

xūyào tuìhuàn de shāngpǐn 需要 退换 的 商品 product		liányīqún 连衣裙 dress	shāngpǐn chǐmǎ 商品 尺码 product size	S
shùliàng 数量 quantity	1		gēnghuàn chéng 更换 成 change into	L
dàifā kuàidì de jīn'é 代发快递的金额： freight of the returned product			②	
tuìkuǎn jīn'é 退款 金额 refund amount	¥68		zhīfùbǎo 支付宝 Alipay account	13562156991
mǎijiā bèizhù 买家 备注 remarks			⑥	

第八单元

一、热身

1. ①B ②A ③D ④C

2. ①B ②A ③D ④C

三、视听说

①B ②A ③C

四、学以致用

①（√） ③（√）④（√）⑥（√）

第九单元

一、热身

1. ①A ②C ③B ④D

2. ①B ②A ③D ④C

三、视听说

①DH ②CG ③BE

四、学以致用

①C ②A ③B、D

第十单元

一、热身

1. ①B ②D ③A ④C

2. ①B ②A ③C ④D

三、视听说

①C ②D ③B ④A

四、学以致用

A.价格敏感型（√） B.犹豫型（√） D.贪婪型（√）